선생님은 해결사

학습 편

05

선생님은 해결사

학습 편

오희은 · 최선미 · 박성희 공저

05
WONDERFUL
*TEACHERS!

INNER BOOKS 이너북스

머리말

*자축하는 말

드디어 해냈습니다! 5년 전 아이디어를 내고 1년 동안 자료를 수집하고 3년 동안 낑낑대다가 마지막 1년 동안 젖 먹던 힘까지 다 모아 마침내 이 시리즈를 완성하였습니다. 돌이켜보면 지난 5년 동안 정말 일이 많았습니다. 청주교육대학교 초등상담연구회(CESCA)에 소속된 100여 명의 초등교사 회원들, 그리고 집중적으로 집필에 참여한 20여 명의 집필진이 참 고생 많았습니다. 도중에 병으로 작업을 이어가지 못하는 회원이 생길 때에는 우리 모두 마음으로 숙연해지기도 했습니다. 남들은 그냥 책으로 볼지 모르지만 이 책은 CESCA 회원들의 피와 땀이 이룬 결실입니다. 책이 완간된 오늘 우리 모두는 마음껏 축배를 들어 마땅합니다.

*업적의 의미에 대한 말

그동안 상담계에서 많은 사례집이 발간되었습니다. 그러나 이 사례집은 여러 가지 점에서 다른 사례집과 구별됩니다. 즉, 우리나라 초등학교 아동을 대상으로 했다는 점, 현장교사들이 직접 경험한 사례를 손수 원고로 써 냈다는 점, 초등학교에서 발생하는 각종 문제를 백과사전처럼 두루두루 다루었다는 점, 철저하게 현장 중심이었다는 점, 교육과 상담을 아우르는 교육상담의 성격을 제대로 드러냈다는 점이 그렇습니다. 이런 점에서 이 사례집은 한국 상담학계와 교육학계는 물론이요 한국초등상담학계와 초등교육학계에 길이 남을 이정표가 될 것입니다. 상담학계와 교육학계가 빠져 있는 학문의 식민성이라는 질곡을 어떻게 극복할 수 있는지 분명하게 보여 준 것 역시 엄청난 쾌거임에 틀림없습니다.

*이해를 돕는 말

이 시리즈는 학교 현장 사례를 발굴하는 데서 시작되었습니다. 처음에는 초등교사들이 지금까지 교사 생활을 하면서 경험했던 온갖 '문제'와 '어려웠던 일'들을 아무런 제약 없이 수집했습니다. 수집된 자료들은 읽기를 반복하며 검토에 검토를 거쳐 10개의 대영역과 소영역으로 나누었습니다. 하지만 수집된 자료들의 편파성이 엿보였던 일부 영역에 대해서는 논리적 · 경험적 판단을 앞세워 새롭게 분류하는 작업을 거치기도 했습니다. 최종 소영역이 결정된 후 각 영역에 따라 집필자가 선정되었고 원고 쓰는 작업이 시작됐습니다. 처음 쓰인 원고는 교수와 교사들이 함께 참여한 회의에서 토론을 거치며 수정하는 작업을 반복하였습니다.

이 사례집은 초등학교 현장에서 아동을 지도하는 초등교사들에게 실제적인 도움을 주기 위한 것입니다. 특히 아직 학교에 익숙하지 않은 초임교사들에게 많은 도움이 될 것입니다. 우리는 사례집을 구성하는 전통적인 방식을 탈피하여 백과사전식 접근을 채택하였습니다. '적게 깊이'보다는 '많게 간략히'를 선택한 것입니다. 하지만 각 사례에 대처하는 방법을 일반적인 전략과 구체적인 전략으로 나누어 상세히 제시함으로써 실제 상황에 부딪혔을 때 활용할 수 있는 유용한 정보를 담았습니다. 그냥 독서삼아 읽다 보면 더러 중복된 부분을 발견할 수 있겠지만 이 사례집이 실제 상황에 대한 처방전 역할을 염두에 두고 제작되었다는 점을 기억해 주시기 바랍니다.

*아쉬워하는 말

우리는 원래 교육을 담당하는 국가기관에 별로 기대하지 않았습니다. 그런데 이번 일을 하면서 정말 교육정책을 담당하시는 분들의 이해와 지원이 많이 필요하다고 느꼈습니다. 재정지원을 해 달라는 이야기가 아닙니다. 제발 우리에게 연구할 수 있는 시간을 만들어 주세요. 제발 아이들과 만나는 시간을 늘려 주세요. 승진이니, 출장이니, 잡무 및 행정처리니 하는 일에 너무 많은 시간을 빼앗기지 않고 아이들 교육에 전념하고 더 나은 교육을 위해 연구할 시간을 만들어 주세요. 지금 같은 풍토에서 교사-연구자가 나오기란 하늘의 별따기보다 더 어렵습니다. 그러니 초등교육의 미래가 암담하게 느껴질 따름입니다. 정말 이런 상황이 나아지기를 우리 모두 두 손 모아 기도합니다.

*감사하는 말

사례집 집필에 실제 참여한 저자는 20여 명입니다. 하지만 CESCA 여러분의 도움과 지원이 없었다면 이 작업은 가능하지 않았을 것입니다. 특히 여러분이 해 주신 사례 발굴은 이 작업의 초석이 되었습니다. CESCA의 회장을 역임한 이석두, 김기종 선생님, 그리고 몸을 아끼지 않고 총무 역할을 단단히 해내신 이숙경, 장희화 선생님 고생 많았습니다. 이 일의 선두에 서서 우리를 독려하고 이끌어 주신 박성희 교수님께도 감사합니다. 이 사례집이 기획되는 단계부터 마음으로 함께하고 지원해 준 학지사 김진환 사장님과 최임배 상무님도 고맙습니다.

wonderful teachers – 선생님은 해결사 –

집필진 일동

〈학습 편〉 머리말

서울시가 2007년 11월 29일~12월 4일 서울시내 거주 초등학교 3년~고교 3년생 750명 대상으로 설문조사한 결과 '학교 · 가정의 고민거리'를 묻는 객관식 질문에 '성적 · 공부'라는 답변이 76.4%로 가장 많았습니다. 학년별로는 초등학생 59.9%, 중학생 79.2%, 고등학생 86.7%로 학년이 높아질수록 부담을 크게 느끼고 있는 것으로 나타났지만 아이들에게 공부와 성적이 매우 중요하다는 점은 부인할 수 없는 사실입니다. 이렇다 보니 아이 자신은 물론이요 학부모까지 나서서 자녀의 성적을 높이는 데 혈안이 되어 있습니다. 자녀의 학교 성적을 끌어올리고 상급 학교 진학 경쟁에서 이기기 위하여 생활비의 절반을 사교육에 쏟아붓는 세태가 이제 전혀 낯설지 않습니다. 언제부턴가 학교는 친구를 사귀는 곳 또는 학부모를 대신해서 아이들을 안전하게 보살펴 주는 곳이라는 인식이 자리를 잡아 가는 듯합니다. 그렇지만 누가 뭐래도 학교 선생님들은 교육 이론과 실천적 지식으로 무장한 교육전문가들입니다. 아이들의 학업 능력을 진단하고 그들의 개성에 맞는 학습 방법을 찾아 공부 역량을 향상시키는 일은 선생님들이 존재하는 가장 중요한 이유입니다.

Wonderful teachers－선생님은 해결사－시리즈의 다섯 번째인 이 책에서는 초등교육 현장에서의 학습과 관련된 학생들의 중점적인 문제를 집중적으로 조명하였습니다. 초등학교 현장에서 실제 일어난 사례들이 바탕이 된 것이라 선생님들이 익히 경험한 내용들일 것입니다. 이 책에서는 일선교사들에게 아이들을 이해할 수 있는 좀 더 전문적인 학업상담 지식과 방법을 전달하기 위하여 총 17개의 사례를 제시하고 이 문제 사례별로 상담적 접근을 제시하였습니다. 하나하나 사례 중심으로 상담법을 제시하다보니 더러 중복되는 내용도 있다는 점 양해해 주시기 바랍니다. 아무쪼록 이 책이 현장에서 아이들을 상대하는 선생님들에게 조금이나마 도움이 되기를 마음으로 빌어 봅니다.

집필진 일동

차례 contents

4 머리말
8 〈학습 편〉 머리말

제1부 학습 전략 부족 12

14 학습과제를 하지 않아 성적이 향상되지 않는 아이
23 암기 요령을 몰라 학습 능력이 향상되지 않는 아이
32 과정보다 답이 중요한 아이
41 속진(速進)학습으로 공부에 흥미를 잃은 아이

제2부 학습 무기력 48

50 공부를 열심히 하고자 하는 마음이 아직 없는 아이
58 공부에 흥미가 없는 아이
70 수업 중 딴 짓이 많은 아이
77 공부시간에 손장난하는 아이
86 공부시간에 가만히 있지 못하는 아이

제3부 학습부진 94

96 학습부진으로 어려움을 겪는 아이
110 가정환경 때문에 방황하는 아이
121 공부 잘하고 싶어도 성적이 오르지 않는 아이

제4부 심리적 불안 136

138 불안증으로 인하여 학습이 부진한 아이
151 시험 때마다 아픈 아이
163 시험 때마다 컴퓨터에 더 매달리는 아이
171 쓰기를 너무 싫어하는 아이
179 똑똑히 읽지만 뜻은 전혀 모르는 아이

189 참고문헌

난 하는 아이●공부시간에 가만히 있지 못하는 아이●과정보다 답이 중요한 아이●속진(速進)학습으로 공부에 흥미를 잃은
부진으로 어려움을 겪는 아이●가정환경 때문에 방황하는 아이●불안증으로 인하여 학습이 부진한 아이●시험 때마다 아픈
때마다 컴퓨터에 더 매달리는 아이●쓰기를 너무 싫어하는 아이●똑똑히 읽지만 뜻은 전혀 모르는 아이●학습과제를 하
이 향상되지 않는 아이●암기요령을 몰라 학습능력이 향상되지 않는 아이●공부를 열심히 하고자 하는 마음이 아직 없는
흥미가 없는 아이●공부시간에 손장난 하는 아이●공부시간에 가만히 있지 못하는 아이●과정보다 답이 중요한 아이●속
으로 공부에 흥미를 잃은 아이●학습부진으로 어려움을 겪는 아이●가정환경 때문에 방황하는 아이●불안증으로 인하여 학
아이●시험 때마다 아픈 아이●시험 때마다 컴퓨터에 더 매달리는 아이●쓰기를 너무 싫어하는 아이●똑똑히 읽지만 뜻
는 아이●학습과제를 하지 않아 성적이 향상되지 않는 아이●암기요령을 몰라 학습능력이 향상되지 않는 아이●공부를 열

학습 전략 부족

학습과제를 하지 않아 성적이 향상되지 않는 아이

암기 요령을 몰라 학습 능력이 향상되지 않는 아이

과정보다 답이 중요한 아이

속진(速進)학습으로 공부에 흥미를 잃은 아이

공부를 열심히 하고자 하는 마음이 아직 없는 아이

공부에 흥미가 없는 아이

수업 중 딴 짓이 많은 아이

공부시간에 손장난하는 아이

공부시간에 가만히 있지 못하는 아이

학습부진으로 어려움을 겪는 아이

가정환경 때문에 방황하는 아이

공부 잘하고 싶어도 성적이 오르지 않는 아이

불안증으로 인하여 학습이 부진한 아이

시험 때마다 아픈 아이

시험 때마다 컴퓨터에 더 매달리는 아이

쓰기를 너무 싫어하는 아이

또박또박 읽지만 뜻은 전혀 모르는 아이

학습 과제를 하지 않아 성적이 향상되지 않는 아이

no. 1 수학시간

no. 2 기말평가 시험이 끝난 후

no.3 어머니와의 만남

선생님 죄송해요. 시간이 없어서 자주 찾아뵙지도 못하고. 상필이가 공부는 잘하나요?
네, 수업시간에는 잘 따라와요. 하지만 약간 수업 내용이 어려워지면 힘들어하네요.
그래요? 가정형편이 어려워 학원을 못 보내서 그런가요?
글쎄요. 그것보다는 복습을 안 해요. 그것도 숙제를 안 해 오니까 더 복습이 안 되는 것 같아요.
제가 가끔 일찍 퇴근해서 들어올 때 숙제했냐고 물어보면 했다고 그러던데…….
그래요? 늦게 퇴근하실 때 상필이는 뭐하고 있나요?
그냥, 자기 방에서 자거나 텔레비전 보고 있어요. 제가 늦게 들어 올 때가 많아 아이들을 제대로 챙겨주지 못해 늘 미안해요. 특히 상필이한테는…….

학습 과제를 하지 않아 성적이 향상되지 않는 아이

교사가 제시하는 숙제나 과제를 하지 않음으로써 학습에 대한 복습이나 심화학습이 이루어지지 않아 성적이 향상되지 않는 경우다.

상필이는 5학년 남자아이다. 가정형편이 어려워 부모가 모두 밤늦게까지 일을 한다. 2학년 남동생이 있어 방과 후에는 동생을 돌보아야 한다. 학원도 가정형편이 어려워 다니지 못한다. 이런 형편 때문에 수업시간에 이루어지는 기본적인 학습은 잘 따라하지만 가정학습으로 제시된 숙제를 하지 않음으로써 복습과 심화학습이 이루어지지 않아 성적이 오르지 않는다.

교사의 대처

담임교사는 상필이의 학습 능력이 자신의 지적 능력에 비해 향상되지 않는 이유가 숙제를 하지 않음으로써 복습이 이루어지지 않기 때문이라고 판단하였다. 따라서 숙제를 안 하는 습관을 고쳐 주기 위하여 방과 후에 교실에 남겨 전날 숙제와 다음날 숙제를 하도록 하였다. 하지만 교실에서 숙제를 할 때도 많은 시간을 필요로 하였다. 그리고 교사가 볼 때는 잘하는 듯하나 혼자 교실에 있을 경우에는 거의 하지 않았다. 그리고 동생에 대하여 지나치게 자신이 보호해야 한다는 책임감이 강해 숙제를 할 때도 동생에게 많은 관심을 가짐으로써 숙제에 집중하지 못하는 모습을 보였다. 그래서 동생 담임선생님에게 상필이의 가정형편을 말씀 드리고 방과 후 보육교실에 참여하게 함으로써 상필이가 학교에 있는 동안에는 동생에 대한 지나친 책임감을 다소 덜 수 있도록 배려하였다. 하지만 교사가 출장을 간다거나 학교행사 때문에 상필이가 일찍 귀가하는 경우에는 여전히 숙제나 교사가 제시한 보충과제를 해 오지 않았다.

교사의 대처 방법 분석

잘한 점

- 아이가 자신의 지적 능력에 비해 성적이 뒤떨어지는 이유가 숙제나 과제를 해 오지 않음으로써 재학습이 이루어지지 않았기 때문이라고 판단하였다.
- 아이의 재학습 습관, 그중에서도 숙제하는 습관을 기르도록 하기 위하여 방과 후에 남겨 숙제를 하도록 지도하였다.
- 동생을 돌봐야 한다는 책임감을 덜어 주기 위하여 동료 교사와 협의하여 동생을 방과 후 보육교실에서 지내도록 조치하였다.

개선할 점

- 아이의 재학습을 위하여 적절한 강화가 이루어지지 못했다. 즉, 숙제를 했을 때와 그렇지 못했을 때에 적절한 보상이나 제재가 이루어져야 한다.
- 아이가 재학습을 할 수 있는 능력을 스스로 기를 수 있는 구체적인 전략이 필요하다.
- 아이의 문제행동 수정을 위한 부모와의 협력 방안이 이루어져야 한다.
- 아이가 과제를 이행하지 않는 이유가 습관적이거나 시간 부족 때문이 아니라 과제를 해결하기 위한 방법을 알지 못하기 때문이라는 것을 파악한다.

상담적 접근

일반적으로 할 수 있는 관심과 배려

과제 이행 시와 불이행 시에 적절하고도 구체적인 강화가 이루어지도록 한다

과제를 수행하였을 경우에 주어질 보상을 숙제나 과제를 내줄 때마다 구체적으로 알려 준다. 아울러 이행하지 않았을 경우에 주어질 제재에 대해서도 과제를 내줄 때마다 알려 주어 아이가 보상과 제재에 대하여 확실하게 인식할 수 있도록 한다.

부모와의 협력을 통하여 효과적인 재학습이 이루어지도록 한다

- 학습 공간 확보해 주기: 아이가 학교에서 집으로 돌아가면 자신만의 시간을 보낼 수 있는 공간을 확보할 수 있도록 부모에게 협조를 부탁한다. 자기만의 공간을 확보하는 것은 아이에게 노는 공간과 공부하는 공간을 구별해 줌으로써 집중하기에 도움을 줄 수 있다.
- 학습 과제 확인하기: 아이가 그날 학교에서 어떠한 과제를 부여받았는지 확인할 수 있는 시간을 갖도록 한다. 일기장이나 알림장을 활용하여 교사

가 내 준 과제를 부모가 확인하는 것도 효과적인 방법이라고 할 수 있다.

모둠학습을 통한 협동 과제를 활용하도록 한다

아이가 혼자 과제 이행을 잘하지 못할 경우 모둠학습 활동을 통하여 협동과제를 이행하게 하는 것도 효과적일 것이다. 협동 과제는 아이가 혼자 하는 것이 아니라 모둠원과 함께 과제를 해야 되기 때문에 과제에 대한 책임감이 강해지고, 모둠원이 아이의 과제 수행을 위한 도우미 역할을 자연스럽게 할 수 있는 효과가 있다.

구체적 전략

아동의 주의 집중 시간을 고려한 학습 과제 제시하기

아동의 주의 집중 시간을 고려한 학습 과제를 제시함으로써 아동은 자신의 학습 능력에 맞는 학습 과제를 이행할 수 있게 된다. 아동의 집중 시간을 관찰하기 위하여 방과 후에 교실에서 과제를 이행할 때 과목별 과제 특성에 따라 구분하여 시간을 측정하도록 한다. 처음에는 교사가 측정 시간을 관찰하여 기록하도록 하고, 점차 아이 스스로 측정하여 기록하도록 한다.

아이의 과제 수행 시간에 적합한 과제를 제시하기

학습 장면에서 아이들이 과제를 수행하는 시간은 많은 차이를 보인다. 이것은 아이의 선행학습 정도와도 관련이 있지만 아이의 정보 처리 수행 속도와도 관련이 있다. 즉, 충분한 시간을 주면 다소 어려운 과제라도 수행할 수 있는 아이도 있다. 따라서 과제를 제시할 때 아이의 과제 처리 속도를 고려하여 적절한 분량이나 내용을 제시하도록 한다.

아동의 장점을 살린 과제를 제시하기

아이들은 자신들이 선호하는 정보 처리 양식이 있음을 상기하여야 한다. 어떤 아이들은 청각적 양식에 민감한 반응을 보인다. 이러한 아이들에게는 문자화된 과제 결과물을 제시하기보다는 과제를 녹음하여 제시하게 함으로써 과제를 청각화하여 효과적인 과제 수행이 이루어질 수 있도록 할 수 있다. 예를 들면, 자신의 생각을 글로 나타내는 과제가 있다면, 글로 쓰기보다는 말로 표현하게 하여 녹음을 해서 제출하게 하는 것이다. 시각화에 민감한 반응을 보이는 아이의 경우에는 책을 읽을 때, 자신이 좋아하는 색깔의 색연필로 밑줄을 치면서 읽거나 답을 적게 하는 것도 좋은 방법이다. 이러한 방법을 사용할 때 주의할 점은 어느 한쪽으로 치우치지 않도록 시간이 지나면서 균형을 맞추도록 해야 한다.

아이가 자기주도적으로 과제를 수행할 수 있도록 하기 위한 방법 활용하기

학습 과제는 학생들이 유치원에서부터 대학을 졸업할 때까지 수행해야 할 중요한 학습 유형이다. 학습 과제를 잘 이행하는 것이 아이의 학습 성공에 중요한 영향을 미치는 것은 사실이다. 따라서 아이가 과제를 스스로 검토하고 실행하는 것은 효과적인 학습 능력 향상을 위해 반드시 필요한 것이다.

다음은 아이가 스스로 과제를 검토하도록 하는 방법이다.

- 매일 공부할 수 있는 시간과 장소 정하기
- 월별, 주별, 일별 일정표를 만들기
- 달력이나 알림장, 또는 수첩에 숙제 기록하기(과제 내용 적기, 모르는 것이 있으면 선생님한테 질문하기, 과제에 필요한 자료 찾아보기, 과제 이행 여부 기록하기, 부모님이나 선생님에게 확인받기)
- 간략한 과제를 먼저 고르기
- 완성하는 데 걸리는 시간 적기

이상의 내용을 표로 만들어 작성하게 함으로써 아이가 스스로 자신의 과제 여부를 점검하도록 한다.

월/일	오늘의 할일은	과제를 할 시간	오늘의 과 제	질문한 내 용	과제에 필요한 자료	과제는 했는가	과제를 하는 데 걸린 시간	부모님 확인	선생님 확인

암기 요령을 몰라 학습 능력이 향상되지 않는 아이

no.1 사회시간

no.2 중간평가 시험이 끝난 후

암기 요령을 몰라 성적이 향상되지 않는 아이

학습 태도나 학습 능력은 양호하나 암기에 어려움을 겪음으로써 사회교과와 같은 특정 교과에서 성적이 향상되지 않는 경우다.

종국이는 6학년 남자아이다. 수업시간에 학습 태도도 양호하고 학원도 잘 다니는 편이다. 성적도 사회나 영어 교과를 제외하고는 모두 양호한 편이다. 특히 6학년이 되면서 교과 내용 중에 외워야 하는 부분이 증가하게 됨으로써 학습에 많은 어려움을 겪고 있다.

교사의 대처

담임교사는 종국이가 특정 교과에서 성적이 뒤떨어지는 이유가 암기 요령을 몰라서라고 판단하여 암기 요령을 알려 주었다. 사회교과의 경우 그날 배운 내용을 요약하여 보도록 하였고, 영어는 단원에 나오는 단어를 매일 몇 개씩 쓰게 하여 검사하였다. 또한 이렇게 학습한 것을 매주 확인하기 위하여 쪽지시험을 보게 하였다. 처음에는 어려워하였으나 차츰 암기 능력이 향상되었다. 하지만 암기하는 데 너무 많은 시간을 보냄으로써 다른 교과 수업을 소홀히 하는 모습이 보였고, 학원까지 가야 하는 날에는 아이가 많이 힘들어하였다. 이런 상황이 전개되다 보니 아이는 지치게 되고, 암기에 대한 효율성도 떨어지는 모습을 보였다. 학부모도 담임교사의 과중한 과제 때문에 종국이가 힘들어한다 고 생각하여 담임교사와 약간의 마찰을 빚게 되어 항의를 하기도 하였다.

교사의 대처 방법 분석

잘한 점

- 아이의 특정 교과 성적이 부진한 원인이 암기 요령의 부족에서 오는 것으로 판단하여 아이의 암기 능력을 향상시키기 위하여 많은 노력을 하였다.
- 아이의 암기 능력 향상을 위하여 취약한 교과 위주로 많은 시간과 노력을 기울였다.

개선할 점

- 암기 능력 향상만을 위한 접근 전략을 활용하다 보니 아이가 지치는 결과를 초래하였다.
- 체계적인 암기에 대한 학습 전략을 수립하지 않고 성적 향상에 중점을 둔 접근을 실시함으로써 다양한 암기 전략 방법이 활용되지 않았다.
- 아이가 부모님과의 충분한 협의 없이 실시함으로써 교사와 마찰을 빚는 결과를 초래하였다.

상담적 접근

일반적으로 할 수 있는 관심과 배려

쉬운 것부터 시작하기

현재 아이의 암기 능력을 고려하여 쉬운 내용부터 실시하여야 한다. 즉, 암기 내용의 양을 아이의 현재 수행 수준과 인내력에 맞추어 조절해야 한다. 또한 아이의 집중 능력도 고려하여 실시해야 한다.

적고 다양한 내용으로 시작하기

암기하고자 하는 내용의 양을 처음에는 짧은 시간에 끝낼 수 있도록 하나의 과제를 작은 부분으로 나누어 암기하도록 한다. 그리고 암기할 내용의 종류를 다양하게 갖추어 자주 바꿔 주어야 한다. 이렇게 함으로써 아이가 쉽게 지치거나 지루해하는 것을 예방하고 보다 효과적인 암기 전략을 익힐 수 있을 것이다.

아동이 성공을 경험하도록 구조화하기

암기할 내용이나 시간 그리고 방법 등을 아이가 성공을 경험할 수 있도록 선택하고 고안한다. 또한 잘했을 때에는 칭찬과 보상을 제공하고, 발전 상황을 체크 리스트나 그래프 등을 통하여 시각화해 줌으로써 아이가 발전 정도를 스스로 알 수 있도록 해 준다.

구체적인 전략

암기 전략을 잘 몰라 암기과목에 취약한 아이는 무조건 외우려고만 한다. 따라서 책을 펴자마자 무작정 외우려고 하지 말고, 다음과 같은 효율적인 암기 방법을 사용하는 것이 필요하다.

이야기로 만들기

[외우고자 하는 내용의 첫 글자를 활용하여 외우는 방법]

- 기억해야 할 단어들에서 첫 글자를 따낸다.
- 첫 글자들을 결집화시킨다. 순서가 중요할 때는 그대로 사용하고 그렇지 않은 경우에는 첫 글자의 순서를 바꾸어 의미 있는 약자를 만든다.
- 첫 글자들의 결집 수가 많다면 4/3조의 가락이나 리듬을 붙여 기억한다.

(예) 무지개의 일곱 가지 색깔을 순서대로 외울 때, '빨주노초파남보'로 외우는 것

[외우고자 하는 내용의 첫 글자에 조사나 다른 단어를 넣어 문장을 만들어 외우는 방법]

- 기억해야 할 단어들에서 첫 글자를 따낸다.
- 첫 글자들 사이에 조사 모음이나 다른 단어를 집어넣는다.
- 의미 있고 재미있는 문장을 만들고, 가능하다면 문장을 기초로 심상을 형성한다.

(예) [신라왕의 변천 순서] 거서간, 차차웅, 이사금, 마립간

거참(차) 이마에 사마귀가 나다니.

[후기 인상파 미술가] 마네, 모네, 세잔느, 고흐

마네가 모내기를 하다가 술을 세 잔 마시고 고추를 먹더니 호호 하더라.

[법의 5단계] 헌법, 법률, 명령, 조례, 규칙

헌법의 글씨는 명조체를 규칙으로 한다.

[바하] 'G선상의 아리아' 작곡

바지

노래 가사로 만들어 외우기

외울 내용의 개수가 10개가 넘거나 매끄럽게 이야기로 잘 안 만들어지는 경우에, 그것을 노래 가사로 만들어서 노래를 부르면서 외우는 방법이다. 특히 자신이 잘 알고 있고 친숙한 노래라면 더 효과적일 것이다.

유사점과 차이점을 발견하여 서로 대조 시키면서 외우기

두 가지 종류의 외울 내용을 놓고, 그 두 가지 사이의 유사점과 차이점을 발견하여 서로 대조하면서 외우는 방법이다. 특히 학년이 올라갈수록 단순하게 암기한 지식을 요구하는 문제에서 탈피하여 종합적이고 분석적인 이해를 요구하는 문제들이 많이 나오므로 꼭 필요한 암기법이다. 또한 이렇게 정리해서 외우면 잘 잊어버리지 않게 되며 일단 모아서 외우므로 단편적인 지식을 따로 외웠다가 모아서 다시 외우는 데 드는 시간도 훨씬 짧다는 점에서 아주 효과적이라고 할 수 있다.

온몸을 이용해서 외우기

아동마다 자신이 좋아하는 학습 스타일이 있다. 이 방법은 특히 움직임을 좋아하는 학생, 즉 만져 보고 말해 보고 손짓과 발짓하기를 좋아하며, 스포츠와 댄스 등 신체적 활동을 잘하고, 신체적인 감각을 통해 지식을 얻고, 주변의 공간과 상호작용할 때 공부가 가장 잘 되는 유형의 학생들에게 도움이 된다. 외울 때에 눈, 귀, 팔다리 등 온몸을 다 활용한다. 예를 들면, 중요한 내용을 공부할 때 연습장에 써 가면서 외우기, 걸어 다니면서 외우기, 자동차나 버스, 지하철 안에서 자신의 허벅지에다 무언가를 써 가면서 외우기, 영어 단어 숙어를 오디오테이프에다 녹음해서 다시 들으면서 외우기, 자신의 몸을 지도로 생각하고 위치를 짚어 가면서 외우기, 만화 같은 그림을 그려서 외우기

위치로 외우기

자신에게 친숙한 장소 또는 건물 등이 일련의 순서로 배열된 위치를 기억하고, 친숙한 장소 내에 순서적으로 배열되어 있는 대상 또는 어떤 위치를 머릿속에 차례로 떠올려 본다. (예) 현관문 → 신발장 → 거실 → 부엌 → 화장실 → 안방 → 텔레비전, 자기집 → 버스 정류장 → 문방구 → 교문 → 학교 → 선생님

예를 들면, '핫도그, 고양이, 토마토, 바나나, 위스키' 를 암기하고자 한다면 우선 현관문에 거대한 핫도그가 걸려 있는 모습을 떠올려 보고, 둘째 항목을 기억하기 위해서 친숙한 장소인 '신발장' 을 머릿속에 떠올리고 '고양이가 신발장 속에 있는 모습' 을 떠올리고, 셋째 거실을 떠올리면서 '거실에 토마토가 가득 널려 있는 모습' 을 떠올릴 수 있다. 또한 '바나나가 부엌 바닥에 널려 있는 상황' 과 마지막으로, '화장실에서 위스키를 몰래 먹는 아빠의 모습' 을 떠올리면서 암기할 수 있다.

이 과정에서 다음 순서를 지키는 것이 매우 중요하다.

- 친숙한 장소에 배열되어 있는 대상을 순서대로 먼저 떠올릴 것
- 기억해야 할 항목에 대한 생생한 심상을 형성할 것
- 친숙한 장소의 대상과 기억해야 할 항목을 서로 결합시킬 것
- 상호 연관이 되는 기괴한 심상을 떠올릴 것
- 기억한 항목들을 인출할 때 친숙한 대상의 심상을 하나하나 떠올리면서 기억해 낼 것

과정보다 답이 중요한 아이

no. 1 국어시간

no. 2 수학시간

이번 시간에는 삼각형의 넓이를 구하는 방법을 알아 볼 거예요. 여기 모눈 칠판에 그려진 삼각형이 있어요. 삼각형 안에 들어가 있는 모눈 칸을 세어 볼 텐데 일부분만 삼각형에 속해 있는 칸들이 있지요?
네.
그것들은 다른 것들과 모아서……, 그런데 진수는 설명 듣지 않고 뭘 하고 있니?
진수 벌써 익히기 문제 풀고 있어요.
설명을 듣고 문제를 풀어야지, 원리를 알고 문제를 푸는 거니?
그래? 그럼 어떻게 해서 공식이 나오게 되었는지 설명 좀 해 주렴.
공부방에서 공식 다 배워서 아는데요.
그냥 밑변×높이×½로 계산하면 답이 나와요.
그러니까 그 공식이 어떻게 나온 거냐고?
몰라요. 그냥 계산만 할 수 있으면 되지요, 뭐.
수학은 왜 그렇게 되는지를 이해하는 것이 먼저야. 정확하게 이해를 하지 못하면, 다음에 응용문제가 나왔을 때는 문제를 해결하기가 어려워요.

no.3 진수와의 상담

상담실
요즘 수업시간에 선생님 설명을 안 듣고 딴짓할 때가 많더라. 그런 태도가 습관이 되면 공부 잘하기 어려운데…….
공부방에서 벌써 다 배운 건데요, 뭐.
공부방에서 배웠어도 다 아는 건 아니잖아.
이미 배웠던 부분이라 재미없고 자꾸 딴 생각하게 돼요. 원리 알고 이야기 나누고 그러는 거 시간만 많이 걸리고……. 시험에 안 나오니까 공부방에서 안 가르쳐 줬겠죠.
그러니까 원리나 여러 가지 생각을 알아보는 것보다 정답이 더 중요하다는 말이네? 그렇지 않아. 원리를 아는 게 더 중요하다고 여러 번 얘기했잖아.
…….

원리나 문제 해결 과정의 중요성을 무시하고 오직 답만 알면 학습이 끝났다고 생각하는 아이

원리를 이해하거나 문제를 해결해 나가는 과정에 참여하는 것을 중요하게 여기지 않고 귀찮아하며, 정답만 알면 그만이라는 생각을 가진 경우다.

진수는 5학년 남자아이이다. 성적은 상위권에 속하는 편이지만, 수업에 집중하지 못하고 혼자 문제를 미리 풀거나 친구들에게 장난을 걸거나 다른 일에 빠져 있다가 교사에게 주의나 꾸중을 듣는 일이 자주 있다.

교사의 대처

원리를 이해하거나 문제를 해결해 나가는 과정에 제대로 참여하지 않을 때마다 주의를 주고 학습활동에 집중하게 하려 하였으나 진수는 마지못해 집중하는 듯 행동하지만 조금 지나면 다시 주의가 흐트러진다. 진수와의 상담을 통해 공부방에서의 선행학습으로 이미 학습 내용을 다 알고 있다고 생각하여 학교 수업에 집중하지 않게 된다는 점과 문제 해결 과정보다는 단답형의 시험과 직결된 결과적인 지식을 더 중요하게 여긴다는 것을 알 수 있었다. 진수 어머니와 전화 통화를 할 때 진수의 문제행동을 알리고 협조를 구하였으나 진수의 학습 태도는 별로 달라지는 것이 없었다.

교사의 대처 방법 분석

잘한 점

- 아이를 무조건 야단치거나 벌을 주기보다는 문제 해결 과정의 중요성을 설명하여 이해시키려 하였다.
- 아이가 문제행동을 보일 때마다 주의를 주고 학습활동에 참여시키려 조치하였다.
- 아이의 어머니에게 전화를 걸어 아이의 문제행동을 알리고 협조를 구하였다.

개선할 점

- 원리를 이해하고 문제 해결 과정에 적극적으로 참여하는 태도가 어떤 점에서 중요하며, 그러한 것을 소홀히 하였을 때 초래될 결과가 어떠할지에 대하여 정확하게 설명하고 이해시킨다.
- 학습 과정에 적극 참여할 수 있도록 학습 계획을 수립하여 운영한다.
- 아이의 문제행동을 알리는 정도가 아닌 보다 심층적인 학부모 상담이 필요하다.

상담적 접근

일반적으로 할 수 있는 관심과 배려

현재의 행동이 어떤 문제점이 있으며, 그러한 행동이 계속될 경우 초래될 결과에 대하여 설명한다. "답만 알면 되지."라고 생각하는 학생과 학부모가 의외로 많다. 교사들도 단위 시간에 진도나가랴, 많은 학생 수 감당하랴, 그럭저럭 문제를 풀 수 있으면 간단한 주의를 주는 정도로 넘어가는 경우가 많다. 그런데 원리를 알지 못하면 응용문제는 해결하기 어렵고, 시간이 지나면 잊어버리기 쉽다. 학년이 올라가면서 내용이 심화되면 문제 해결은 더더욱 어려워지게 되고 마침내 학습에 자신감과 흥미를 잃게 되어 성적이 떨어지게 되는 것이다.

다음에 배울 내용이 어떤 것이며 이미 배웠던 단원과는 어떤 관계가 있는지, 수업시간에 더 알아볼 것은 무엇인지 등을 생각해 보기 위해 예습(선행학습)이 필요하다. 그런데 선행학습을 한 아이들은 진수처럼 '이미 다 배웠다.'는 생각으로 학교 수업을 등한시하는 경향이 있다. 이런 학생들은 이미 다 알고 있다는 생각에 주의 깊게 듣지 않으며 대충 생각하는 습관이 형성된다. 문제를 풀 때 정확히 듣거나 읽지 않으며, 남보다 먼저 배워 남들은 모르는 것을 자기는 알고 있다는 생각에 자만심만 키워 오히려 성적을 떨어뜨리는 경우가 생길 수 있다. 수업에 집중하지 않고 장난을 치거나 다른 행동을 하여 다른 사람의 학습을 방해하고, 교사에게 자주 주의나 꾸중을 듣게 되어 교사와의 관계도 악화되는 등 점점 학습 효율성이 떨어짐은 물론 학교생활 전반에 흥미를 잃게 되는 것으로 이어질 수 있다. 또한 문제 해결 과정보다 누군가가 가르쳐 주는 정답을 외우는 식의 공부를 한 사람은 스스로 공부할 수 있는 능력이 부족하게 되어 혼자서는 공부하기 어렵게 된다. 이렇게 잘못된 공부 습관은 고치기 쉽지 않고 학년이 올라갈수록 학습의 효율을 떨어뜨리게 된다는 점과 선행학습의 본래 역할을 아이와 학부모가 확실히 인식하도록 하여 스스로 공부하는 습관을 바로 잡도록 돕는다.

원리 이해 및 문제 해결 과정의 중요성을 이해시킨다

다음과 같은 내용을 중심으로 원리 이해 및 문제 해결 과정의 중요성을 확실히 이해할 수 있도록 설명한다. 이때 단순히 내용을 전달하거나 훈계하는 말투가 되지 않도록 주의한다.

- 원리를 이해하면 공식이나 계산 방법은 일부러 외우지 않아도 저절로 알게 되며, 혹시 배운 지 오래되어 잊었다가도 되짚어 유도해 낼 수 있게 된다.
- 문제 해결 과정(주제에 대하여 생각하기, 적절한 방법을 택하여 조사하기, 다른 사람들에게 내 생각을 이야기하고 다른 사람의 의견 듣기, 토의에서 나온 의견을 종합하고 좋은 방안 선택하기 등의 활동)은 사고력과 사회성을 길러 주므로 어느 한두 가지 문제의 정답을 아는 것보다 훨씬 중요하고도 고차원적인 공부다.
- 원리와 문제 해결 과정을 익힌 사람은 새로운 여러 가지 문제를 접하더라도 당황하지 않고 스스로 해결 방법을 모색할 수 있다.
- 문제 해결 과정에 참여함으로써 학습에 대한 흥미가 높아지고 성취도를 향상시킨다.

학습활동에 참여할 수밖에 없는 구조로 수업을 운영한다

원리를 도입할 때는 교사의 설명 후 다시 한 번 설명해 보도록 시킬 것이라고 예고하여 교사의 설명에 집중할 수 있도록 하며 실제로 시켜 본다. 또 토의 활동 등에는 모둠원 모두가 자신의 생각을 한 가지 이상 꼭 말하도록 하고, 발표를 할 때는 자신의 의견에 대한 이유를 말하고, 질문에 답하기, 자신의 의견과 짝꿍의 의견 비교하여 말하기, 모둠원의 의견을 종합하여 말하기 등을 통하여 다른 사람들에게 자신의 생각을 말하고 다른 사람의 말을 주의 깊게 듣고 종합할 수 있도록 한다. 열심히 참여할 때는 칭찬이나 모둠 점수를 부여하는 등 긍정적 강화를 준다. 집중하지 않을 때에는 집중하고 있지 않다는 사실만을 언급하여 주의를 환기시킨다.

구체적인 전략

학부모 상담을 통해 보다 아이가 그렇게 생각하게 된 원인을 알아보고, 학부모 교육도 겸한다

아이가 시험에 나올 만한 '답'만을 중요하게 여기게 된 데에는 선행학습의 부정적 영향뿐만 아니라 문제 풀이식의 평가 체제 속에서 학습 과정보다 시험 결과를 더 중요하게 여기는 학부모의 태도도 영향을 끼쳤을 수 있다. 단순히 아이의 문제행동을 알리는 정도로는 학부모도 어떻게 도와주어야 할지 모를 수 있다. 그러므로 아이가 학습에 대하여 가지고 있는 생각과 태도가 어떠하며, 선행학습이 아이에게 어떤 영향을 끼치고 있는지 자세히 설명하고, 아이의 그런 생각과 태도에 대해 부모는 어떻게 생각하는지, 평소 아이의 학습에 대해 어떤 태도를 취하는지 질문함으로써 학부모가 스스로 자녀의 문제행동에 어떤 식으로 영향을 주었는지 생각해 보도록 한다. 이때 주의할 점은 학부모가 책임을 추궁당하는 느낌이 들지 않도록 해야 한다.

수행평가를 적극 활용하고, 지필평가를 할 때 답보다 과정이 중요한 문제를 출제한다

평소의 문제 해결 과정과 학습 태도의 중요성을 적극 반영하기 위해 도입된 평가 방법이 수행평가다. 따라서 학습 과정에 열심히 참여할 수 있도록 수행평가의 기준을 사전에 강조하여 알려 주고 기준에 따라 엄격히 평가한다. 필요할 때에는 평가 결과를 그 자리에서 즉시 아이들에게 알려 학습 과정에 대한 자신의 기여도와 태도를 자각하게 한다. 지필평가를 실시할 때도 답보다 과정이 중요한 시험문제를 낸 다음에 답과 과정을 각각 별도로 채점하고, 과정을 틀린 학생이 답을 틀린 학생보다 점수를 덜 받게 되는 상황을 연출해 본다.

속진(速進)학습으로 공부에 흥미를 잃은 아이

no.1 수학시간

no.2 방과 후 나머지 공부시간

능력에 맞지 않는 진도만 앞서가는 학습이 공부에 독이 된 아이

학원이나 공부방에서 속진(速進) 위주로 학습하여 중심 개념이나 원리에 대한 이해가 부족한 채로 새로운 내용을 접하여 오히려 성적이 떨어지고 흥미와 자신감마저 잃어 학습 의욕이 낮은 경우다.

은영이는 4학년 여자아이이다. 대부분의 교과 성적은 우수한 편이며 수업시간에도 적극적으로 참여하나, 수학은 70점 정도를 받고 매우 어려워한다. 수학 성적을 끌어올리기 위하여 학원을 다니고 있지만 성적은 나아지지 않고 있다.

교사의 대처

그날 배운 내용은 그날 이해할 수 있도록 하기 위해 은영이뿐만 아니라 학급 아이들 모두를 대상으로 수업 활동 중 개별적으로 문제를 풀 때 도움이 필요한 아이는 가까이 가서 차근차근 알려 주거나, 같은 모둠의 잘하는 친구에게 도움을 받도록 하였으며, 시간 내에 다 해결하지 못한 것은 방과 후에 남겨 지도하며 다 해결하고 가도록 하였다. 그러나 사무 처리나 출장, 아이들의 학원 수강 시간 등의 이유로 방과 후에 제대로 남겨 지도하지 못할 때가 많았으며, 과제로 제시하여 수행 여부만 검사하는 정도로 만족해야 했다. 은영이 어머니에게는 은영이의 경우 지나친 속진보다는 철저한 복습으로 이해가 부족한 부분을 보충해 주는 것이 좋겠다고 권유하여 그렇게 지도해 줄 수 있는 학원이나 개인 과외를 알아보겠다는 대답을 들었다.

교사의 대처 방법 분석

잘한 점

- 그날 배운 내용을 그날 이해시키기 위해 수업시간은 물론 방과 후 시간까지 할애하였다.
- 아이가 문제를 풀다가 틀렸더라도 비웃거나 면박을 주지 않고 문제 푸는 방법을 차근차근 지도하여 자존심에 상처를 입히지 않도록 하였다.
- 아이에게 필요한 사항을 어머니에게 권유하여 필요한 조치를 취할 수 있게 하였다.

개선할 점

- 아이의 학습 공백을 메우기 위한 조치가 필요하다.
- 수학 교과에 대한 흥미와 자신감을 키울 수 있도록 해야 한다.

상담적 접근

일반적으로 할 수 있는 관심과 배려

학교에 있는 시간 동안 그날 배운 내용을 그날 이해시킬 수 있도록 한다. 방과 후 시간에 지도하기가 사실상 어렵다면 수학 실력이 뛰어난 아이 두세 명을 보조교사로 임명하여 쉬는 시간이나 점심시간에 도움을 줄 수 있도록 한다. 이때 보조교사 역할을 하는 아이는 직접 과제를 해결해 주거나 답을 가르쳐 주어서는 안 되며, 과제를 해결할 수 있도록 원리나 방법을 일러 주도록 한다.

해당 아이가 특히 어려워하고 부족한 부분에 대해 개별지도 계획을 수립하고 개별 과제를 제시한다. 이때 교사가 직접 지도하기 어려우면 해당 아이를 잘 도와줄 수 있는 두세 명의 친구를 도우미로 지정하여 수시로 도움을 받을 수 있도록 한다.

수학교과에 대한 흥미와 자신감을 키울 수 있도록 작은 성취에도 충분히 칭찬하여 강화한다. 흥미와 자신감이 높을수록 성취도 또한 향상되기 때문이다.

※ 학부모가 잘못된 선행학습의 폐해를 인식하고 바람직한 방법으로 학습을 도울 수 있도록 상담을 실시한다. 상담 전에 잘못된 선행학습의 폐해에 대한 실제 사례를 신문이나 잡지, 학습 상담 관련 서적, 교사의 실제 경험 등을 통해 다양하게 수집하여 구체적으로 제시한다. 이때 "제가 신문에서 언젠가 읽어 본 기사에~."라고 말로만 하는 것은 그다지 학부모에게 신뢰감을 주기 어렵다. 그보다는 기사가 실린 신문이나 잡지, 서적을 직접 제시하고, 교사의 경험일 경우 개인 정보를 제외한 실제 상황을 구체적으로 말한다. 또한 해당 아이가 속진 위주의 선행학습 때문에 겪고 있는 문제점을 이들 사례들과 관련지어 설명함으로써 학부모가 이 문제를 보다 현실감 있게 인식할 수 있도록 한다.

※ 참고로 최근의 실제 사례를 찾아본다면, 미국 명문대학교에 진학한 한인 학생의 44%가 중도 탈락한다는 뉴스 기사가 있다.

다음은 2008년 10월 6일자 동아닷컴 사설 · 칼럼 난에 실린 정갑영 연세대학교 경제학부 교수의 「아이비리그 중퇴가 많은 이유」라는 글의 일부분이다.

최근 발표된 조사 결과에 따르면 지난 12년간 하버드, 예일, 코넬 대학교 등 14개 미 명문대에 진학한 한인 학생의 44%가 중도에 탈락했다고 한다. 그동안 주변에서도 이런 사례가 적지 않았지만, 이렇게 높은 수치를 나타낸 것은 상당히 큰 충격이 아닐 수 없다.

실제 미 명문대에 들어가기가 얼마나 힘든가? 입학 당시 세계적 영재로 인정받았던 그들이 왜 성공적으로 학업을 마치지 못하는 것일까? 왜 유독 한인 학생이 인도나 중국인보다도 훨씬 높은 탈락률을 나타낼까?

가장 큰 원인은 역시 학습 방법의 차이라고 지적된다. 명문대일수록 자기주도의 창의적이고 비판적인 사고를 요구하는 교육을 실시한다. 그러나 우리 학생들은 어떠한가? 철저하게 입학 허가를 받기 위한 시험 준비와 성적 관리로 일관한다. 기계적으로 암기하고, 고정된 틀 안에서 제조공정에 따라 입시를 준비한다. ……(중략)……그런 준비로 간신히 명문대에 턱걸이한들 어떻게 성공을 기대할 수 있겠는가. 과목마다 쏟아지는 과제를 혼자서 수행하기 힘들고 ……(중략)…… 여기에 청소년기의 불안정한 정서까지 겹쳐서 초기에 한 과목이라도 실패한다면 쉽게 자신감을 상실하고 좌절할 수밖에 없는 것이 그들의 현실이다.

지 않는 아이●공부를 열심히 하고자 하는 마음이 아직 없는 아이●공부에 흥미가 없는 아이●공부시간에 손장난 하는 아
에 가만히 있지 못하는 아이●과정보다 답이 중요한 아이●속진(速進)학습으로 공부에 흥미를 잃은 아이●학습부진으로
아이●가정환경 때문에 방황하는 아이●불안증으로 인하여 학습이 부진한 아이●시험 때마다 아픈 아이●시험 때마다
매달리는 아이●쓰기를 너무 싫어하는 아이●똑똑히 읽지만 뜻은 전혀 모르는 아이●학습과제를 하지 않아 성적이 항상
●암기요령을 몰라 학습능력이 향상되지 않는 아이●공부를 열심히 하고자 하는 마음이 아직 없는 아이●공부에 흥미가 없
부시간에 손장난 하는 아이●공부시간에 가만히 있지 못하는 아이●과정보다 답이 중요한 아이●속진(速進)학습으로 공부
잃은 아이●학습부진으로 어려움을 겪는 아이●가정환경 때문에 방황하는 아이●불안증으로 인하여 학습이 부진한 아이●

2 학습 무기력

학습과제를 하지 않아 성적이 향상되지 않는 아이

암기 요령을 몰라 학습 능력이 향상되지 않는 아이

과정보다 답이 중요한 아이

속진(速進)학습으로 공부에 흥미를 잃은 아이

공부를 열심히 하고자 하는 마음이 아직 없는 아이

공부에 흥미가 없는 아이

수업 중 딴 짓이 많은 아이

공부시간에 손장난하는 아이

공부시간에 가만히 있지 못하는 아이

학습부진으로 어려움을 겪는 아이

가정환경 때문에 방황하는 아이

공부 잘하고 싶어도 성적이 오르지 않는 아이

불안증으로 인하여 학습이 부진한 아이

시험 때마다 아픈 아이

시험 때마다 컴퓨터에 더 매달리는 아이

쓰기를 너무 싫어하는 아이

또박또박 읽지만 뜻은 전혀 모르는 아이

공부를 열심히 하고자 하는 마음이 아직 없는 아이

no. 1 수업시간에……

no. 2 방과 후 나머지 공부시간에

학습 의욕이나 동기가 부족한 아이

교사가 일러 주고 권하는 것만 마지못해 행동에 옮긴다. 그 후에는 또 같은 상태로 되돌아가 학습에 대한 자발성이 보이지 않는다. 수업 이외의 시간에는 적극적으로 행동하는 데 반해 수업 중 학습과 관련된 활동에는 스스로 참여하지 않는 경우다.

현수는 3학년 남자아이이다. 밝고 웃음이 많으며 사교적이어서 친구들과 잘 어울려 노는 편이다. 특히 친절하고 배려를 잘해 주는 같은 반 여자 친구와 놀 때가 가장 재미있다고 말한다. 주변 사람들에게 자신이 세 살 때 엄마가 가족을 버리고 떠났다고 거리낌 없이 이야기하곤 한다. 이렇듯 표현이 왕성한 현수가 유독 수업 중에는 공부하려는 의지를 보이지 않는다.

교사의 대처

교사는 마침 현수의 2학년 때 담임선생님과 의논해 보았다. 학습에 의욕을 보이지 않은 점 등 대부분의 문제행동이 지금과 비슷했다. 교사는 하는 수 없이 매일 연필이며 공책 등이 없다고 하는 현수를 위해 기본적인 학용품을 제공했고, 별도의 준비물이 필요한 경우 현수 것은 따로 준비해 놓았다가 살짝 건네주었다. 그래도 항상 연필조차 없는 날은 계속되었다. 쉬는 시간에는 비교적 적극적인 현수가 수업 중에는 일일이 취해야 할 행동(또 그다음 행동)을 일러주기 전까지 아무런 활동을 하지 않고 있다. 교사는 계속 다음 활동을 말해 주었다. 하지만 정작 마지막 문제 해결 단계에 이르면 설명을 듣고도 멀뚱한 표정만 짓고 학습에 자발성을 보이지 않는다.

교사의 대처 방법 분석

잘한 점

- 교사가 감정을 자제하고 인내심을 갖고 아이를 대하였다.
- 아이에게 필요한 자료를 준비하여 꾸준히 제공하였다.
- 작년 담임교사와 상의하여 아이의 환경과 생활 습관을 알아보고 현재와 비교해 참고하려 하였다.

개선할 점

- 아이의 학력을 바르게 진단해 본다.
- 아이가 학습에 흥미를 갖도록 동기를 부여하는 방법을 구안한다.
- 교사는 부모상담을 통해 현수의 학습 의욕 상실과 가정환경의 연관성 여부를 알아본다.
- 교사는 준비물 준비에 대한 도움뿐 아니라 좀 더 권위를 세우고 아이가 학습의 필요성을 느끼도록 유도한다.

상담적 접근

일반적으로 할 수 있는 관심과 배려

미비한 준비물을 앞으로도 꾸준히 아이에게 제공하도록 한다. 아이의 가정환경을 고려할 때 교사가 아이에게 준비물을 제공한 것은 매우 따뜻한 배려다. 또한 눈을 마주치면 웃어 주거나 쉬는 시간에 아이가 말을 걸어오면 귀 기울여 주도록 한다. 아울러 청소 시간 등의 방과 후 시간을 이용하여 틈틈이 안부를 묻거나 관심을 표현함으로써 아이와 인간적인 신뢰관계를 형성하는 것이 좋다. 아이는 이를 통해 교사에게 정을 느끼고, 교사가 원하는 바대로 수업에 열심히 참여하여야겠다는 마음가짐을 가질 수 있다.

✲ 아이가 학습에 흥미를 느낄 수 있도록 격려하고 칭찬한다. 아이가 학습에 참여하지 않고 딴짓을 할 때에는 살짝 무시를 했다가, 아이가 학습에 참여하여 활동하는 순간을 포착하여 충분히 칭찬해 준다.

(예) "오, 그래. ○○가 참 좋은 의견을 냈구나."
"음, ○○가 글씨를 참 정성껏 쓰는 구나."
"○○가 활동을 하니 이 모둠은 협동이 최고로 잘되는 걸."

구체적인 전략

학습에 의욕을 느끼지 못하는 원인이 지능 문제인지 심리 · 성격적인 문제인지 아니면 환경적인 요인인지 정확하게 판단할 필요가 있다. 아이의 학습에 영향을 줄 수 있는 지능이나 성격심리 상태를 진단하기 위한 몇 가지 검사도구가 있다. 이를 바탕으로 아이의 문제 상황을 이해할 수 있는 방안을 모색한다.

지능검사

아이에게 개별적으로 실시되는 웩슬러 아동용 지능검사(WISC • R), 만 5세부터 15세 사이에 사용되는 한국교육개발원 웩슬러지능검사(KEDI • WISC) 등이 있으며, 성격심리검사 MBTI나 MMPI와 같은 검사도구가 있다.

이런 경우 아이의 학습 능력에 대한 정확한 진단이 필수조건이다. 이는 학년 초 진단평가를 통해 어느 정도 파악이 되었을 것이다. 만약 자료가 불충분하다면 적절한 문항의 진단평가를 재실시하여 아이의 현재 학업 성취도를 파악하고 이를 바탕으로 학습 능력을 가늠하는 것이 좋다. 이러한 과정을 통해 겉으로 드러나는 아이의 학습활동 부진이 학습 능력의 부족 때문인지 학습 동기의 결핍 때문인지를 구별하여 문제 해결의 방향을 제시할 수 있다.

아이의 학습활동에 영향을 미치는 중요한 요인 중 다른 하나는 아이가 처한 환경이다. 학습 능력을 옳게 갖추고 있다고 하더라도 환경에 따라 그 결과는 전혀 다르게 나타날 수 있다.

아이와 심도 있는 대화를 위해 다음의 질문을 활용해 보자.

[질문 예시]

- 아침밥은 먹고 다니니?
- 아침 등굣길(하굣길)에 학교(집)로 향하는 마음이 기쁘고 즐겁니?
- 집에서 가장 부담되는 일(가장 자신을 괴롭히는 일)이 뭔지 말해 주렴.
- 방과 후에는 어떤 일을 하며 시간을 보내니(어떤 학원을 몇 시부터 몇 시까지)?
- 부모님과의 생활 중 가장 즐거운 일(힘겨운 일)은 뭘까?
- 부모님께 가장 듣고 싶은(듣기 싫은) 이야기는 무엇일까?
- ○○가 하루 중 가장 행복감(절망감)을 느낄 때는 언제일까?

아이가 흥미를 느끼는 학습 상황을 파악할 필요가 있다. 학습 능력이나 환경에서 기인하는 요인이 크게 발견되지 않는 경우에는 아이의 흥미를 파악하여 학습활동으로 끌어들이는 것이 좋다.

[질문 예시]

- 여러 과목 중 ○○가 가장 좋아하는(싫어하는) 과목은 뭘까? 어떤 점이 재미있니(없니)?
- ○○야, 수업 중 기억에 남는(흥미로웠던) 활동을 떠올려 보자. 그리고 선생님에게 이야기해 주렴.
- ○○는 수업 중에 집중하지 않을 때 주로 어떤 일을 하게 되니?

[활동 예시]

- 자신의 미래를 상상해 보게 한다. 이는 목표를 갖게 하고 자연스럽게 이를 준비해야겠다는 생각을 심어 주어 근원적인 학습 동기를 유발하고자 함이다.
- 아이가 성취감을 맛볼 수 있는 활동을 제시한다. 예를 들면, 아이 수준에 비해 약간 쉬운 문제를 제시하고 정답인 경우 칭찬하고 차츰 난이도를 높여 간다. 아이로 하여금 성공 경험을 더 많이 하도록 하기 위해 학습자의 능력에 맞는 과제를 하도록 하는 것이 중요하다.
- 정서적인 적응을 돕는 활동을 유도한다. 아동이 불안 · 우울하거나 혼란한 정서적 상태에서는 학습에 집중할 수 없다. 학습 동기를 높이려면 이러한 부정적인 정서를 학습자가 이겨내고 적응할 수 있도록 돕는 것이 중요하다. 이를 위해서는 앞에서 제시한 질문 기법을 이용하여 교사–아동 간의 신뢰와 이를 바탕으로 한 지속적인 대화가 필요하다.

공부에 흥미가 없는 아이

no.1 무슨 생각하니

no.2 방금 선생님이 무슨 말했지

no. 3 어머니와의 전화통화

노는 것만 좋아하고 수업 중 멍하니 딴 생각을 하여 성적이 부진한 아이

체육활동, 활동중심의 모둠활동, 역할극 수업, 게임이나 오락활동에는 지나칠 정도로 적극적으로 참여하지만 공부만 시작하면 멍하니 허공을 바라보며 딴 생각을 하거나 교과서를 꺼내놓지 않고, 과제 학습을 해 오지도 않는 경우다.

동호는 초등학교 4학년 남자아이로 운동을 좋아하고 붙임성이 좋다. 친구들과도 잘 지내는 편이며 담임교사를 어려워하지 않아 축구를 하고 싶다거나 점심시간에 인기가요를 듣고 싶으면 담임교사가 귀찮을 정도로 조른다. 부모는 맞벌이를 하고 있으며, 어려워하는 편이다. 현재 태권도 학원과 보습학원을 다니고 있으며 틈틈이 집에서 주요 과목 문제집을 풀고 있다. 운동을 좋아해서 점심시간에는 매일 축구를 하러 나가고 학원에 가기 전에 학교 운동장에서 축구를 하기도 한다. 학습에 대한 흥미가 부족하고, 교과 전반에 걸쳐 성적이 좋지 않다.

교사의 대처

담임교사는 수업이 시작되었는데도 교과서를 꺼내놓지 않고 멍하니 허공을 바라보며 생각에 잠겨 있는 동호를 보고, 처음에는 "김동호~ 엄마 보고 싶어? 멍하니 무슨 생각을 하는 거야? 공부하자." 하며 가볍게 주의를 주었다. 그런데 멍하니 허공을 바라보는 일이 계속되고 수업 중 질문을 하면 답변을 못하는 일이 많아지자 담임교사는 혹시 가정적으로 어려움이 있는 것은 아닐까 하여 집으로 전화를 했다. 어머니와 통화를 해 보니 가정에 문제가 있는 것은 아니였으며, 동호가 공부하는 것을 싫어하고, 집에서도 공부를 한번 시키려면 한참 실랑이를 벌여야 한다는 것을 알게 되었다.

담임교사는 먼저 동호와 이야기를 나눠봐야겠다는 생각에 하교 후 잠깐 남으라고 하여 이야기를 나눠봤다. 그 결과 어머니 말대로 가정에 특별한 문제가 있는 것은 아니고 단지 공부가 싫고 재미가 없어서 그냥 멍하니 있는다는 것을 알게 되었다. 담임교사는 동호가 성적이 올라간다면 학습에 흥미를 보일 것으로 생각하여 수업시간이 되어도 교과서를 꺼내 놓지 않는 행동을 우선적으로 고치기로 하였다. 그래서 동호에게 수업이 시작되었을 때 교과서가 꺼내져 있으면 학급에서 생활지도 차원에서 실시하는 칭찬 스티커를 주기로 하였다. 한편 수업 중에 집중을 잘한 날에는 점심시간을 이용해 동호가 좋아하는 최신 인기가요를 틀어 주기도 했다.

교사의 대처 방법 분석

잘한 점

- 수업에 집중하지 않는 아이의 태도를 나무라지 않고 가볍게 주의를 주어 학급의 다른 아이와의 관계를 훼손하지 않았다.
- 어머니, 아이와의 상담을 통해 수업에 집중하지 않는 원인을 알아보았다.
- 여러 가지 문제를 한꺼번에 해결하려 하지 않고 가장 시급한 문제부터 접근하였다.
- 쉽게 도달할 수 있고, 구체적인 행동을 목표로 삼았다.
- 아이의 행동을 수정하기 위해 아이가 좋아하는 활동을 강화물로 사용하였다

개선할 점

- 교과서를 꺼내 놓고 수업에 집중하는 행동을 강화하기 위한 전략이 체계적이고 효과적으로 이루어졌는지 고려한다.
- 학급 아이들의 생활지도 차원에서 실시하는 칭찬 스티커 제도와 교과서를 꺼내놓지 않은 아이의 태도를 고치기 위한 토큰 전략이 서로 구분한다.
- 결손 학습 내용에 대한 교사의 보충지도가 필요하다.
- 학습에 흥미를 가질 수 있도록 하기 위한 내재적 동기 유발 전략이 필요하다.
- 부모, 아이와의 심층적인 상담을 통해 학습에 흥미를 잃게 된 원인을 좀 더 구체적으로 알아본다.

상담적 접근

일반적으로 할 수 있는 관심과 배려

- 알림장을 잘 쓰는지 매일 확인하여 아이가 수업 준비를 잘해 오도록 한다. 수업 준비를 잘해 오지 않으면 담임교사에게 꾸지람을 듣게 되고, 이로 인해 아이가 학습에 대한 흥미를 잃을 수 있다.
- 수업에 집중하지 않는 태도에 대해 화를 내거나 윽박지르지 않는다. 화를 내게 되면 아이와 교사의 관계가 좋지 않게 되며, 오히려 아이가 반항심으

로 공부를 더 안 할 수도 있다.

- 아이가 공부에 흥미를 갖게 하기 위해선 '나도 잘 할 수 있다.'는 자신감을 갖게 해 주는 것이 중요하다. 수업시간에 쉬운 문제를 풀도록 하여 성공 경험을 쌓도록 하고 이를 통해 자신감을 길러 준다.
- 무조건 학습지를 풀게 하지 말고 "이 문제가 조금 어려운 것 같긴 한데 ○○는 풀 수 있을 거야. 한번 풀어볼래?" 하면서 아이가 문제 푸는 것에 도전의식을 갖도록 한다.
- 문제를 잘 풀었을 때는 칭찬을 아끼지 않고, 잘못 풀었을 땐 아이가 실망하지 않도록 격려하여 다시 풀도록 한다.
- 공부는 잘하지만 운동을 잘 못하는 아이와 '짝 도우미'를 맺게 하여 축구를 못하는 아이에겐 축구를 잘하는 아이가 도움을 주고, 공부는 잘하지만 축구를 못하는 짝에게는 도움을 받도록 한다.
- 자습시간 혹은 쉬는 시간에 공부하고 있는 모습을 보일 때마다 칭찬해 줌으로써 학습활동을 강화한다.
- 평가에 대한 목표 점수를 낮게 정해 아이가 성취감을 맛보고 자신감을 얻도록 한다.
- 목표 점수를 정할 때 아이와 함께 목표 점수를 얻기 위해 어떻게 노력할 것인지 구체적인 방법에 대해 알아본다. 이때 보상 계획도 같이 세워 학습동기를 강화하도록 한다.

  (예) T: 이번 국어 시험에서 몇 점을 목표로 공부할까?

S: 90점요.

T: 선생님 생각엔 80점이 좋을 것 같은데…….

S: 좋아요.

T: 그럼 국어 80점을 맞기 위해 동호가 어떻게 공부하는 것이 좋을까?

S: 수업시간에 선생님 말씀을 잘 듣고 집에서 국어 문제지를 매일 2장씩 꾸준히 풀어요.

T: 좋아, 아주 좋은 계획이네. 잘할 수 있을 거야.

- 잘하는 과목부터 공부하도록 한다. 못하는 과목부터 시작하면 아예 공부를 '시작' 조차 할 수 없다.
- 선의의 경쟁자를 만들어 준다. 동등한 조건에서 함께 노력하고 있는 아이의 존재를 알려 선의의 경쟁자를 만드는 것은 동기 유발의 요소가 된다. 그러나 비교하거나 아이를 비난하는 것은 금물이다. 밟고 일어서야 하는 지나친 경쟁 대상으로 느끼게 해서도 안 된다. 대신 서로에게 자극이 되어 긴장감을 유발할 수 있는 존재로 제시한다.
- 부모가 맞벌이를 하는 경우 아이가 공부하는 습관을 들이기 전에 컴퓨터와 친해지는 경우가 많다. 아이가 컴퓨터를 얼마나 하는지 알아보고 조절하도록 한다.
- 아이가 학습에 흥미를 붙일 수 있도록 학교에서 어떤 노력을 하고 있는지 부모에게 설명하고 가정의 협조를 구한다.

구체적인 전략

토큰 프로그램을 활용하여 학습에 흥미를 가질 수 있도록 하는 전략을 소개하고자 한다. 앞의 사례를 가지고 예를 들면 설명한다.

목표 행동 정하기

- 교사가 일방적으로 행동수정의 목표 행동을 정하기보다는 다음과 같은 질문을 통해 아이 스스로 자신의 목표 행동을 정할 수 있도록 한다.

  (질문의 예)

  S: 선생님이 왜 ○○와 이야기를 하자고 했을까?

  T: 공부를 못해서요.

  S: 자신이 왜 공부를 못한다고 생각하니?

  T: 수업 태도가 안 좋아서요.

  S: 그러면 네가 수업 태도가 안 좋아서 공부를 못한다고 했는데 어떻게 하면, 어떤 행동을 하고 있으면 공부를 잘하게 될까?

  T: 수업 준비를 잘해야 해요. 교과서를 미리 꺼내놓는다거나 선생님 말씀을 잘 들어요.

아이들은 보통 '수업 태도가 안 좋아서요.' 등과 같이 부정적인 대답을 많이 한다. 이때 부정적인 대답을 '교과서를 잘 꺼내놔요.' 등의 긍정적인 내용의 구체적인 행동으로 이야기할 수 있도록 교사가 질문을 한다.

- 목표 행동을 '수업시간에 교과서 꺼내놓기' 로 정한다.

기초선 결정하기

목표 행동 '수업시간에 교과서 꺼내놓기' 를 현재 아이가 어느 정도 수행하고 있는지 목표 행동에 대한 기초 자료를 수집하고 프로그램의 실효성을 따진다.

[지원 강화물 선정하기]

- 토큰 프로그램에 대해 설명한다.
- 지원 강화물(보상, 상)은 아이가 무엇을 좋아하고 무엇을 싫어하는지 관찰 또는 면담을 통해 파악하여 정한다.
- 지원 강화물 체크 리스트, 메뉴를 만들어 아이가 직접 고르게 할 수도 있다.
- 지원 강화물의 종류는 다양하게 하도록 한다.
- 이 사례의 경우는 점심시간에 축구하기, 먼저 점심 먹기, 인기가요 들려주기, 생일잔치 행사에서 사회보기, 모둠활동 참여하기 등이 강화물이 될 수 있다.
- 강화물 사용에 있어 윤리적인 문제가 발생할 수 있는 것은 피한다.

[사용할 토큰 선정하기]

- 토큰의 종류를 선정할 때는 우선 대상 아이와 학급에서 쉽게 사용할 수 있는지 등의 여러 상황을 고려하여 선정한다.
- 토큰으로는 조그만 막대기, 종이로 만든 쪽지, 스티커, 자석 등 다양한 것을 사용할 수 있다.
- 토큰은 보기 좋고 가볍고 휴대하기 편리하며 다루기 쉽고 위조할 수 없어야 한다.

토큰의 수 결정하기

- 수업 전에 교과서를 꺼내 놨을 때(목표 행동) 몇 개의 토큰을 받게 되는지 교과서를 꺼내 놓지 않았을 경우 몇 개의 토큰을 뺏기게 되는지 정한다.
- 교과서를 꺼내놨을 때만 토큰을 주고 그렇지 않았을 경우에는 토큰을 뺏길 수도 있다. 방법은 프로그램을 실시하는 사람에 따라 달라질 수 있다.
- 토큰의 수가 정해지면 일관성 있게 토큰을 주는 것이 중요하다.

협조자 구하기

- 교사가 혼자서 프로그램을 진행하기 벅찰 경우 학급 아이들을 협조자로 활용할 수 있다.
- 협조자를 뽑는 방법은 선거에 의해서 뽑을 수도 있고, 평소 모범적인 아이

에게 협조자의 역할을 맡길 수도 있다.

사회적 강화로 토큰의 강화 대치하기

토큰 프로그램이 효과가 있어 수업 전에 교과서를 꺼내 놓는 목표 행동이 어느 정도 정착되었다고 판단되면 칭찬 등의 사회적 강화로 토큰 강화를 대치할 수 있도록 계획을 짜야 한다.

토큰 강화를 사회적 강화로 대치하는 방법

① 점진적으로 토큰의 가치를 떨어뜨린다. 토큰을 주는 횟수를 줄이거나 토큰을 주는 시간을 점점 지연시킨다.
② 일정 수의 토큰과 교환할 수 있는 후속 강화물의 양을 줄이거나 토큰을 받는 시간과 후속 강화물을 교환하는 시간 간격을 크게 한다.

수업 중 딴짓이 많은 아이

no. 1 수업시간에 (1)

no. 2 수업시간에 (2)

선생님! 호태가 저희더러 정신이 헷가닥했대요.
호태야, 그렇게 말한 거 맞니?
그게 아니고요, 걔들이 먼저 놀려서요..
아니에요, 제가 지켜봤는데, 활동을 하지 않고 자꾸 소란을 피워서 여자애들이 어서 하라고 하니까 욕을 한 거예요.
호태야, 수업에는 집중하지 않고 그런 험한 말을 해? 더군다나 변명까지…….
…….
수업시간마다 호태 때문에 제대로 수업을 할 수가 없구나.

학습 태도가 바르지 않은 아이

한 차시 수업 중 스스로 학습활동에 참여하는 시간이 거의 없으며, 수시로 집중을 시켜도 채 2, 3분을 넘기기 어려운 경우다.

호태는 생글생글 웃는 표정을 지닌 3학년 남자아이다. 교과 성적은 중상 정도를 유지하는 편이나 수업 중 스스로 집중하는 시간이 매우 짧고 높은 톤의 목소리로 크게 흥분해서 떠든다거나 딴짓이 많다.

교사의 대처

호태가 딴짓을 할 때마다 주의를 집중시키기 위해 매번 호태를 불렀다. 때로는 수업 중에 간단히 지적하거나 타이르기도 하고 정도가 심하고 횟수가 더 많은 날은 수업 후 잠깐 남겨 꾸중을 하거나 벌로 청소를 시키기도 했다. 가끔은 호태의 마음을 사려고 칭찬을 해 주기도 했지만 별다른 효과를 보지 못했다. 호태 어머니와 우연히 전화 통화를 할 기회가 있어 호태의 학습 태도에 대해 이야기해 보았으나 호태가 그런 줄 몰랐다는 말만 들었을 뿐이고 다음날에도 호태의 학습 태도는 여전했다.

교사의 대처 방법 분석

잘한 점

- 아이가 바람직한 행동을 할 때 칭찬해 주려고 시도했다.
- 아이의 좋지 않은 학습 태도의 원인을 찾기 위하여 어머니와 의논해 보려 했다.

개선할 점

- 주로 아이의 태도를 지적하고 꾸중하는 경우가 많았다.
- 아이의 흥미와 욕구를 알아볼 필요가 있다.
- 아이의 어머니와의 전화 상담 시 아이의 이러한 학습 태도가 부모의 양육방식이나 교육관과 어떤 연관성이 있는지 탐색하는 것이 지도에 도움이 된다.

상담적 접근

일반적으로 할 수 있는 관심과 배려

이런 경우 수업시간 이외의 장면에서 교사와 아이의 관계를 돈독히 해야 한다. 아이들은 내 마음을 알아주는 선생님 말씀에 더욱 잘 따르고자 하기 때문이다. 그러기 위해서는 틈나는 대로 아이의 마음을 읽어 주는 대화가 필요하다. 다음과 같이 말을 할 수 있다.

- "○○아, 오늘은 평소보다 기분이 좋아 보이는 걸. 집에서 무슨 좋은 일이 있었니?"
- "○○아, 어제는 짝이랑 무슨 일이 있었니? 선생님이 보기에는 다툼이 있었던 것 같던데…… 도움이 필요하면 얘기하렴."
- "○○이가 수업시간에 조금씩 조금씩이라도 수업 태도가 좋아졌으면 한다."

아이와의 관계를 잘 형성하기 위한 또 한 가지 방법은 칭찬이다. 정감어린 칭찬은 마음의 거리를 한결 좁혀 준다. 다음과 같이 말을 할 수 있다.

- "야~ ○○이는 초록색이 참 잘 어울리는구나. 오늘 입은 그 옷이 잘 어울리는 걸."
- "○○이 선생님과 눈을 마주치니까 눈빛이 더욱 반짝이는구나."

학급 전체의 올바른 수업을 위해서도 ○○가 바른 학습 태도를 갖는 것이 필요하다는 것을 설명하고 주변 친구들의 협조를 구한다. 수업 중 ○○가 말을 걸어 오면 가능한 반응을 적게 하도록 하고, ○○가 다소 언짢은 언행을 하더라도 동요하지 않고 쉬는 시간에 따로 선생님께 상의하도록 당부한다.

구체적인 전략

✖ 아이의 좋지 못한 학습 태도가 구체적으로 어떤 행동인지를 명확히 탐색할 필요가 있다. 아울러 수업 중 보였던 태도 중에서 긍정적이고 바람직한 태도에는 어떤 것이 있었는지도 함께 탐색해야 한다. 그러기 위해서는 교사가 아이의 바람직한 행동과 문제행동에 대해 구체적으로 기술해 보는 것이 좋다. 앞의 행동을 나열해 보고 가장 바람직한 태도부터 순위를 정한다.

✖ 우선순위에 있는 바람직한 학습 태도를 표적 행동으로 정하고, 이를 관찰하고 기록한다.

✖ 관찰할 간격과 관찰 목표의 정도에 따라 몇 단계로 구분짓고 각각을 나타낼 기호를 정한다.

✖ 목표로 한 바람직한 태도가 보일 때마다 아이에게 줄 강화물을 정한다. 예를 들면, 따뜻한 미소 보여주기, 스티커를 주고 모으게 한 후 약속한 만큼 모으면 좋아하는 물건으로 교환해 주거나 좋아하는 것을 할 수 있는 기회 주기, 또는 싫어하는 것을 하지 않을 수 있는 기회 주기 등 해당 아이에게 적절한 것으로 정한다.

스스로 바람직한 태도가 습득된 것으로 판단되면 강화물을 간헐적으로 제시하며 차차 강화물에 의지하지 않고도 목표로 한 바람직한 학습 태도가 유지되도록 유도한다. 이때 강화물은 아이의 욕구를 고려하고 물질적인 것에서 차츰 정서적인 것으로, 정기적인 것에서 비정기적으로 바꾸어 가는 것이 좋다.

앞의 방법과는 별개로 아이가 수업시간에 딴짓을 할 때마다 스스로 기록해 보도록 기록표를 만들어 제시해 보는 방법도 효과적일 수 있다. 자신이 딴짓을 했다고 생각되는 경우를 체크해 보도록 하는 것이다. 이때 측정한 결과에 따라 벌을 주지 않을 것을 담담한 표정으로 알려 주어야 하며, 위협이 되지 않도록 주의한다.

기록표 예시

수업 중 나의 딴짓 횟수 기록표

( )학년 ( )반 이름 ( )

날 짜	과 목							
	도덕	국어	사회	수학	과학	음악	미술	체육

공부시간에 손장난하는 아이

no. 1 수업장면 (1)

no. 2 수업장면 (2)

자, 이번에는 수학익힘책 35쪽과 36쪽을 풀어서 선생님께 가지고 나와서 검사 받도록 합니다.
선생님 다 풀었어요.
선생님 인수는 아직 하나도 안 풀었어요.
아니 뭐하다가 아직도 다 못 푼 거니? 다른 아이들은 벌써 다 풀고 기다리고 있는데 책상 위에 올려져 있는 건 뭐야?
고무 찰흙이요.
어느 새 고무찰흙을 가지고 와서 놀은 거니? 인수야, 지금 선생님이 뭐하라고 했어?
수학익힘 풀라고요.
근데 왜 수학익힘은 풀지 않고 고무찰흙을 가지고 논 거야? 우리 인수가 머리는 똑똑한 아이인데 공부시간마다 딴짓을 해서 정말 걱정이다. 인수가 정신차리고 공부하면 아마 우리 반에서 1등 할거야.
......
우리 엄마도 그런 말씀하세요. 제가 숙제할 때 정신차리면 빨리 하거든요.
그걸 알면 잘 해야지 이 녀석아.

공부시간에 손장난하는 아이

공부시간에 손에 집히는 모든 것이 장난감으로 바뀌고 거기에 신경쓰느라 학습에 대한 집중력이 낮아져서 자신이 가진 능력만큼 성적이 오르지 않는 경우다.

인수는 2학년 남자아이다. 매우 귀엽게 생겼으며 두뇌가 명석한 편이어서 학습에 대한 이해가 빠르나 공부시간에 담임교사의 눈치를 봐 가며 딴짓을 많이 하기 때문에 성적은 중위권 정도다. 담임교사가 잠시 눈을 돌린 사이 집에서 가지고 온 작은 장난감을 만지작거리기도 하고 필통 속의 물건을 조합하여 장난감처럼 가지고 놀다가 꾸중을 듣기도 한다.

교사의 대처

인수는 참 명랑하고 행동이 귀여운 아이다. 이해력이 빨라서 집중만 하면 학습 과제를 수행하는 능력이 매우 우수한 편이나 집중을 하기가 어려워서 부모님이나 교사를 속상하게 할 때가 많다. 학교에 장난감을 가지고 오지 말라고 해도 어느 순간에 장난감을 꺼내 놓고 딴짓을 하고, 그 장난감을 빼앗아 놓으면 다른 물건을 꺼내서 장난감처럼 가지고 논다. 그러다가 수업 중에 해야 할 분량을 다 하지 못해 방과 후에 남아서 한다든가 교사가 다그치면 수행해야 할 과제를 아무렇게나 완성하곤 한다. 그러다 보니 시험을 치를 때에도 가장 늦게 문제를 풀어서 내고 학습 과제를 수행하는 속도도 매우 느리다. 어쩌다 집중해서 과제를 빨리 수행했을 경우 칭찬으로 충분한 보상을 해 주기도 하지만 큰 효과를 보지 못하고 수업에 집중시키기가 힘든 상황이다.

교사의 대처 방법 분석

잘한 점

- 아이의 잘못에 대해 무조건 꾸중하지 않고 전후 상황을 파악하려고 하였다.
- 아이가 가지고 있는 단점을 긍정적인 관점으로 대했다.
- 교사의 말에 아이가 자신의 경험을 스스럼없이 말하는 것으로 보아 교사와 아이 사이에 친밀감을 형성하였다.

개선할 점

- 학습에 대한 집중력을 향상시키기 위해 1차적인 관심은 가지고 노력하였으나 좀 더 구체적인 접근이 필요하다.
- 가정에서도 같은 문제로 고민하고 있으므로 가정과 연계하여 문제 해결을 위한 계획을 세워야 한다.
- 아이의 문제행동에 대해 친절한 접근도 좋지만 때에 따라서는 교사의 단호한 태도가 필요하다.

상담적 접근

일반적으로 할 수 있는 관심과 배려

아이가 학습에 대해 집중하지 않는 원인에는 성격상 책임감 결여, 기질적인 지속성의 부족, 부모의 양육 방법 등 여러 가지가 있을 수 있으므로 아이가 집중력을 발휘하지 못하는 원인이 무엇인지 개인상담을 통하여 원인을 파악해 보아야 한다.

아이가 집중력을 가지고 행동했을 때 칭찬으로 충분한 보상을 해 주긴 하지만 칭찬받는 횟수보다 과제를 수행하지 못해 꾸중을 듣는 횟수가 더 많았을 것이므로 아이가 심리적으로 안정된 상태를 유지하기가 어렵다. 따라서 아이가 교사나 부모에게 인정받고 있다는 것을 확인시켜 주는 확실한 방법을 제공하여야 한다.

아이가 가정에서도 동일한 행동 특성을 나타내므로 부모상담을 통하여 아이의 생활습관, 학습환경, 부모와 형제와의 관계 등을 파악하여 구체적인 계획을 세우도록 한다.

구체적인 전략

아이의 문제행동 원인을 파악하고 행동 개선을 위하여 아이와 부모의 동의를 구한 후 상담 계획을 세운다. 아이와 함께 문제점이 무엇인지 상담을 통하여 구체적으로 찾아보도록 한다.

개인상담을 할 때에는 아이가 자신의 마음을 편안하게 말할 수 있도록 따뜻하고 부드러운 분위기를 만들어 준다. 문장완성검사, HTP 그림검사를 하면서 아이의 말문을 열어 가는 것도 좋은 방법이다.

HTP 그림검사(House • Tree • Person test)

① HTP 그림검사는 투사적 그림검사로 그림을 통해 내면의 심리 상태를 표현해 준다. A4 용지에 연필과 지우개를 제공한 후 집, 나무, 사람을 차례대로 각각 한 장씩 그리게 한다. 시간 제한은 없으나 검사자는 그림을 완성하는 데 걸린 시간을 기록한다. 그린 것들에 대해 사후 질문을 하고 솔직하고 자유롭게 이야기한 내용을 기록하면서 아이의 생각, 느낌, 공포, 욕구, 희망, 좌절 등과 같은 내적인 세계를 파악한다.

② 방법

- A4 용지를 가로로 하여 집을 그리도록 한다. 다른 한 장은 세로로 하여 나무를 그리도록 한다. 세 번째는 세로로 하여 사람을 그리도록 한다.

- 처음 사람과 다른 성(性)의 사람을 그리도록 한다. 학생에게 가능한 한 잘 그리라고 하며, 어떤 방식으로 그려도 되며, 필요한 만큼 지워도 되고, 시간이 걸려도 된다는 것을 이야기해 준다.

③ 그림검사 후 질문하기

- 집 그림을 그린 후: 지붕의 재질, 거주하는 사람, 집안 분위기
- 나무 그림을 그린 후: 나무의 종류, 나이, 건강 상태, 나무의 소원
- 사람 그림을 그린 후: 성별, 나이, 직업, 지금 무엇을 하고 있는가, 소원
- 처음 그림과 다른 성(性)의 사람을 그린 후: 현재의 기분, 미래의 꿈이나 소망

수업 중에 손장난을 하면서 아이가 어떤 생각을 많이 하며 어떤 느낌을 갖고 있는지 알아보는 것도 중요하다. 아이와 함께 손을 사용하는 역할놀이, 즉 고무찰흙놀이나 소꿉놀이를 하면서 자연스럽게 대화를 이끌어 내는 것도 좋은 방법이다. 이를 통해 아이의 내면에 잠재되어 있는 욕구가 무엇인지 파악하도록 한다.

공부와 직접 연결되는 공간을 깨끗하고 조용하게 만들어 준다. 책상 위에는 공부에 꼭 필요한 물건만 두도록 하고 차분하고 안정된 성격을 가진 아이로 짝을 정하여 주도록 한다.

※ 주변에 있는 물건들이 아이의 주의를 끌어 수업을 방해하기 때문에 책상 속은 깨끗이 비워 두고 책가방은 아이와 멀리 떨어진 곳에 보관하여 필요할 때만 사용하도록 한다. 가까이에 만질 만한 물건을 제거하여 수업에 집중하도록 돕는다.

※ 학습방해 행동을 감소하기 위하여 토큰 프로그램을 운영할 수 있다.

- 토큰 프로그램: 학생의 바람직한 행동에 대해 조건 강화물(토큰)을 제공하고 소유한 토큰만큼 자기가 좋아하는 물건이나 조건으로 교환해 갈 수 있는 방법이다.
- 규칙 정하기
  - 학교에 장난감을 가지고 오지 않기
  - 책상 위에는 공부시간에 필요한 물건만 올려놓기
  - 공부시간에 손장난하지 않기
  - 선생님이 말씀하실 때 선생님과 눈을 마주치기
- 규칙을 잘 지킬 때마다 칭찬 스티커를 받을 수 있고 칭찬 스티커의 수에 따라 원하는 강화물(먹을 것, 학용품, 갖고 싶은 물건 등)을 제공한다.

※ 부모상담을 통해 아이의 생활 태도를 점검해 보고, 가정에서도 시간 계획을 세워 부모가 이를 확인하도록 한다. 시간 계획을 잘 지켜 나갈 경우 이에 대한 보상을 하도록 한다.

[규칙적인 생활습관을 형성하도록 돕는다.]

• 아침식사 거르지 않기
• 컴퓨터 게임을 오래하거나 늦은 시간까지 텔레비전을 보지 않기
• 일찍 자고 일찍 일어나는 습관 기르기
• 숙제와 일기는 꼬박꼬박 하기

공부시간에 가만히 있지 못하는 아이

no.1 탐색을 위한 상담

no.2 어머니와의 만남

영태가 비교적 학교생활은 잘하고 있는데 통 공부에 집중을 못하고 수업 분위기를 흐려놓는 경우가 있어서요.
영태를 위해 신경을 써 주셔서 고맙습니다. 그런데 우리 영태가 집에 와서 전달을 잘 못해요. 수고스러우시더라도 알림장에 적어 주시면 좋겠어요.
그렇게 할게요.
지금은 저희 집 형편이 좀 안 좋아서 제가 일을 하느라 아이들을 돌볼 시간적 여유가 많지 않아요.
아마도 엄마의 손길이 제대로 미치지 못해 영태가 생활이 안정되지 못한 것 같아 늘 미안해요. 곧 안정이 되면 아이를 위해 시간을 보낼 계획이에요.
우선 영태가 규칙적인 생활을 할 수 있도록 했으면 좋겠어요. 가끔 수업 중에 졸기도 하거든요.
일찍 자고 일찍 일어나는 문제는 집에서 적극적으로 바꿀 수 있도록 해 볼게요.

no.3 종결상담

좋아 그럼, 이제부터 영태가 처음보다 얼마나 좋아졌는지 좀 볼까? 점점 동그라미가 많아지고 있구나. 그런데 알림장 쓰는 것은 어떠니?
매일 검사받잖아요. 엄마도 요즘은 보시고 사인 잘 해 주셔요.
준비물 챙기는 것은 어때?
매일마다 꼭꼭 잘해 오는데.…… 저번에 리코더만 빼놓고.
그것 봐. 준비물을 잘 챙겨오니까 수업시간에 돌아다닐 필요가 없지?
네, 이제 수업시간에 안 돌아다녀요.
그런데 공부시간 중에 쓰거나 스스로 하는 것들은 끝까지 잘 못하던데?
다른 애들처럼 그렇게 빨리 잘 못해서요…….
늦게라도 해서 검사를 받았으면 좋겠구나. 이렇게 선생님이랑 이야기를 나누는 동안 영태가 많아 달라졌네. 그런데 수업시간 중에 해야 할 것 제대로 하기는 조금 더 노력해야 할 것 같구나.
잘할 수 있을 것 같아요.

공부시간에 가만히 있지 못하는 아이

공부시간에 가만히 있지를 못하고 핑계를 대고 여기저기 돌아다니면서 학습 분위기를 흐려 놓으며 딴 생각에 빠져 있다가 수업과 관계없는 질문을 하는 경우다.

영태는 5학년 남자아이이다. 잘생긴 외모에 키가 크고 체구는 보통이다. 말썽꾸러기 아이들과 어울려 장난을 치다가 자주 꾸중을 듣지만 어려움을 당한 친구를 도와줄 줄 아는 착한 마음씨를 지녔다. 공부시간에 휴지를 버리러 간다거나 다른 분단에 지우개를 빌리러 가는 등 가만히 앉아 있지 못하고 수업 분위기를 흐려 놓는다. 수업과 관계없는 질문을 자주 하며 숙제를 하거나 학습 정리할 때 쓰기를 매우 싫어한다.

교사의 대처

영태의 담임교사는 대학원에서 상담을 전공하고 있었던 시기라 상담을 통해 영태의 행동을 변화시키고자 하였다. 4월부터 6월까지 매주 목요일 방과 후 40분 동안 상담 시간을 가졌으며, 모두 8회기를 진행하였다. 영태와 협의하여 9개 항목(준비물 챙기기, 수업 중 돌아다니지 않기, 알림장 쓰기, 아침자습하기, 수업 내용 검사받기, 숙제하기, 밤 10시에 취침하기, 아침 7시에 일어나기, 8시 40분까지 등교하기)의 목표를 정하였다. 상담과정에서 칭찬기법을 많이 사용하였으며,

상담 결과 수업 내용 검사받기와 일찍 자고 일찍 일어나기를 제외한 6개의 항목이 개선되고 정착되었다. 뿐만 아니라 전혀 읽지 않던 책을 읽으려고 한다는 것과 바른 자세를 유지하려고 노력하는 태도 같은 기대 이외의 효과도 얻을 수 있었다. 또한 어머니가 상담활동에 대해 긍정적이고 고마워하는 마음을 가지고 교사의 계획에 적극 협조하겠다는 모습에 뿌듯함을 느꼈다.

교사의 대처 방법 분석

잘한 점

- 문제점을 해결하기 위해 충분히 계획하고 상담을 이끌어 갔다.
- 아이와 친밀한 관계 형성이 이루어졌기 때문에 상담을 성공적으로 진행할 수 있었다.
- 어머니로부터 지지를 받을 수 있어서 상담이 더욱 효과적으로 이루어질 수 있었으며 문제행동 개선에 효과적이었다.

개선할 점

- 상담을 할 때는 친절한 태도를 보이다가 일반적인 상황에서 잘못이 발견되었을 때는 꾸중을 해야 하는데 그런 이중적인 모습에서 아이가 교사의 모습에 대해 혼란을 겪거나 역감정이 나타날 수 있으므로 감정을 잘 조절해야 한다.
- 교실에서 상담을 하게 되면 교내 방송이라든가 방문객들에 의해 상담의 흐름을 방해받을 수 있다. 교내에 상담실이 따로 있으면 좋겠지만 그렇지 못할 경우 조용하고 안정된 장소를 확보하는 것이 좋다.

상담적 접근

일반적으로 할 수 있는 관심과 배려

학생의 행동을 변화시키기 위해서는 먼저 교사와 친밀감을 형성하는 것이 중요하다. 평소 교사는 모든 학생에게 호의적이고 긍정적인 모습을 보여 주어 언제라도 학생들에게 다가갔을 때 마음을 열 수 있는 관계를 맺어야 한다.

상담을 효과적으로 이끌어 가기 위해서는 인지적 · 행동적 · 환경적 요인(학생의 행동 특성뿐만 아니라 교우관계, 가족관계, 가정의 형편 등)을 파악하여 구체적 전략을 세우는 기초 자료로 삼는다.

구체적인 전략

상담 초기에는 학생과 친밀감을 형성하고 신뢰감을 쌓기 위해 교사의 적절한 자기 개방(자신의 경험, 어린 시절 이야기 등)도 필요하다.

✕ 행동수정기법은 학생의 행동을 바람직한 방향으로 변화시키는 방법 중의 하나로 상황에 따라 알맞게 적용했을 때 커다란 효과를 얻을 수 있다.

- 강화: 특정 행동을 격려하고 발생 빈도를 증가시키기 위한 방법으로 적절한 시기에 보상을 주는 강화 계획이 필요하다.

  강화물: ☞ 음식물: 과자, 과일, 햄버거, 피자 등

  소유물: 학용품, 옷, 장난감, 스포츠용품 등

  사회적강화물: 컴퓨터 게임, 친구와 놀기, 쿠폰 등
- 계약법: 교사와 학생이 일종의 행동 계약을 맺는 것으로 학생이 약속을 지켰을 때와 어겼을 때 받을 보상과 벌을 정하고 계약서를 작성해 놓는다. 계약법의 효과를 얻으려면 학생의 의견을 충분히 반영하고, 약속이 잘 지켜지도록 여건을 조성해 주며, 보상이나 벌칙의 기준을 쉽고 분명하게 설정한다. 계약이 시행되는 동안 계약서에 적힌 보상과 벌 이외에 다른 반응을 하지 않아야 한다.
- 토큰경제법: 화폐 대신에 토큰을 사용하여 약속된 물건을 살 수 있도록 만든 제도다. 토큰경제를 시행할 때는 학생과 의논하여 토큰을 받을 수 있는 행동, 보너스를 받을 수 있는 행동, 토큰을 빼앗길 수 있는 행동, 토큰으로 할 수 있는 일 등을 미리 정해 놓고 그에 따르도록 한다.
- 차등보상: 고치려고 하는 특정 문제행동 이외의 다른 좋은 행동을 집중적으로 칭찬하거나 보상하는 방법이다. 예를 들면, 수업시간에 떠드는 학생의 행동을 무시하다가 수업에 집중하거나 조용히 앉아 있으면 칭찬과 보

상을 해 주는 방법이다.

- 소거 또는 무시: 학생이 문제행동을 보일 때마다 보이던 관심을 더 이상 보이지 않음으로써 문제행동을 교정하려는 방법이다. 소거법을 사용하면 초기에 문제행동이 감소하다가 갑자기 빈도가 폭발적으로 늘어날 수 있다. 이는 일시적인 반동현상일 가능성이 높으므로 크게 걱정할 필요는 없다. 소거법은 차등보상법과 병행하여 사용하면 효과가 높다.

✰ 한꺼번에 많은 변화를 기대하여 상담의 목표를 높게 또는 너무 많이 설정하였을 경우 목표에 도달하기 어렵기 때문에 아이가 실천할 수 있는 능력의 한계 내에서 목표를 정해야 한다.

✰ 상담에 있어 교사는 문제의 해답을 가지고 주도하는 것이 아니라 아이 스스로 문제해결 방법을 찾도록 하는 안내자의 역할에 충실해야 한다. 처음 상담에 임하는 교사들은 자칫 학생의 문제에 대한 일방적인 충고와 해결책을 즉시 제공해 주어 빠른 변화가 일어나기를 기대하는 오류를 범하기 쉽다. 그러므로 인내와 여유를 가지고 차근차근 문제를 풀어 나가는 자세가 필요하다.

에 방황하는 아이●불안증으로 인하여 학습이 부진한 아이●시험 때마다 아픈 아이●시험 때마다 컴퓨터에 더 매달리는
너무 싫어하는 아이●똑똑히 읽지만 뜻은 전혀 모르는 아이●학습과제를 하지 않아 성적이 향상되지 않는 아이●암기요령
능력이 향상되지 않는 아이●공부를 열심히 하고자 하는 마음이 아직 없는 아이●공부에 흥미가 없는 아이●공부시간에 손
아이●공부시간에 가만히 있지 못하는 아이●과정보다 답이 중요한 아이●속진(速進)학습으로 공부에 흥미를 잃은 아이●
어려움을 겪는 아이●가정환경 때문에 방황하는 아이●불안증으로 인하여 학습이 부진한 아이●시험 때마다 아픈 아이●
컴퓨터에 더 매달리는 아이●쓰기를 너무 싫어하는 아이●똑똑히 읽지만 뜻은 전혀 모르는 아이●학습과제를 하지 않아
되지 않는 아이●암기요령을 몰라 학습능력이 향상되지 않는 아이●공부를 열심히 하고자 하는 마음이 아직 없는 아이●공

학습과제를 하지 않아 성적이 향상되지 않는 아이

암기 요령을 몰라 학습 능력이 향상되지 않는 아이

과정보다 답이 중요한 아이

속진(速進)학습으로 공부에 흥미를 잃은 아이

공부를 열심히 하고자 하는 마음이 아직 없는 아이

공부에 흥미가 없는 아이

수업 중 딴 짓이 많은 아이

공부시간에 손장난하는 아이

공부시간에 가만히 있지 못하는 아이

학습부진으로 어려움을 겪는 아이

가정환경 때문에 방황하는 아이

공부 잘하고 싶어도 성적이 오르지 않는 아이

불안증으로 인하여 학습이 부진한 아이

시험 때마다 아픈 아이

시험 때마다 컴퓨터에 더 매달리는 아이

쓰기를 너무 싫어하는 아이

똑똑히 읽지만 뜻은 전혀 모르는 아이

3 학습부진

학습부진으로 어려움을 겪는 아이

no. 1 '못해요'를 자주하는 영서

no. 2 짝꿍 바꾼 날

선생님, 영서랑
앉기 싫어요.
왜 그런지
설명해 줄래?
그냥 싫어요.
이유를 알아야 네 문제를
해결해 줄 수 있지 않겠니.
맨날 머리를 긁고 코도
후벼요. 그러지 말라고 하면
소리를 질러요.

no.3 진단평가 후 학부모와 면담

no. 4 수학 진급평가 후 학부모와 전화상담

학습결손으로 인한 학습부진으로 학교생활에 어려움이 많은 아이

국어와 수학을 싫어하여 성적이 저조하며, 숙제를 거의 해 오지 않고 학습활동 시간에 멍하니 앉아 있기도 하며 자주 씻지 않아 친구들로부터 따돌림을 당하기도 하는 경우다.

영서는 2학년 남자아이로 외동아들이다. 읽기, 쓰기, 셈하기가 다른 아이에 비해 저조하여 학습에 어려움이 많다. 숙제를 해 오지 않고 수업활동 시간에 멍하게 앉아 있기도 하며 씻는 것을 싫어하여 친구들로부터 따돌림을 당하기도 한다. 영서는 다른 아이에 비해 언어발달이 1년 정도 늦었다고 한다. 영서 어머니는 영서가 자신감을 갖는 것이 중요하다고 생각하여 학습을 중요하게 생각하지 않는다. 영서가 씻지 않아도 관심을 두지 않는 편이다.

교사의 대처

아이는 학교 공부를 몹시 싫어한다. 수학활동 시간에는 손장난을 하거나 멍하니 앉아 있기도 한다. 1학년 때부터 누적된 기초학습부진(읽기, 쓰기, 셈하기)은 아이가 학습활동을 하는 데 방해가 되었다. 특히 많은 훈련을 필요로 하는 계산문제를 싫어한다. 아이는 친구가 조금만 큰 소리로 말해도 눈물을 글썽인다. 이는 자신감이 부족하여 위축되어 있기 때문이라 생각된다.

교사는 아이의 부모에게 그동안 학습결손으로 인해 읽기, 쓰기, 셈하기의 기초학습 부족으로 학습활동 시간에 위축되어 있는 것과 부족한 학습을 지도하지 않으면 학년이 올라갈수록 학습부진은 계속되고 열등감 때문에 학교생활이 어려워질 것이라는 것을 알렸다. 따라서 아이가 가정에서도 꾸준히 학습할 수 있도록 부모의 관심을 요청하였다.

교사는 아이와 함께할 수 있는 시간을 확보하기 위하여 부모의 동의를 얻어 아이가 태권도 학원에 가는 시간을 조절하였다. 그리고 방과 활동 후, 주 2회 특별보충학습을 1시간 정도 실시하였다. 주로 아이가 어려워하는 셈하기 문제를 집중적으로 지도하였다. 여름방학 동안에는 근무일에 수학익힘책을 중심으로 지도하였다. 그 결과 아이는 주어진 문제를 읽고 해결하려고 노력하는 모습을 보이기 시작했다.

아이가 해결할 수 있는 쉬운 문제를 제공하고 문제를 해결했을 때는 성취감을 맛볼 수 있도록 칭찬하여 주었다. 또한 아이가 친구들이 싫어하는 행동에 대해 아이에게 설명해 주고, 친구들이 싫어하는 행동(머리 긁기, 코 후비기)을 하지 않도록 지도하였다.

교사의 대처 방법 분석

잘한 점

- 아이의 학습활동을 관찰하고 꾸준히 관심을 가져 주었다.
- 부모와 상담을 통하여 학습활동 및 학습 결과에 대해 알리고 가정에서도 아이의 학습 면에 관심을 가져줄 것을 요청하였다.
- 방과 후나 방학 동안에 시간을 내어 아이의 기초학습에 중점을 두고 지도하였다.
- 아이의 수준에 맞는 문제를 제시하여 성취감을 맛볼 수 있도록 하였다.
- 친구들이 싫어하는 이유를 설명해 주고 스스로 노력해야 함을 강조하였다.

개선할 점

- 아이 문제에 대한 구체적인 분석이 필요하다.
- 아이와 학부모에 대한 따뜻한 관심과 배려가 필요하다.
- 학급 아이들이 아이를 대하는 태도에 대한 지도가 필요하다.
- 학급 아이들이 아이의 좋은 점도 있다는 것을 발견하게 한다.
- 아이의 흥미를 고려한 학습자료 제공이 필요하다.
- 기초학습에 대한 부분과 현 교육과정에 대한 적절한 지도가 필요하다.
- 아이가 수행할 수 있는 목표를 아이 수준에 맞게 설정한다.
- 다양한 방법으로 책읽기를 통하여 이해력을 키워 준다.

상담적 접근

일반적으로 할 수 있는 관심과 배려

아이가 학습에 대해 어려움을 겪고 있는 입장을 이해하고 공감해 준다. 학습활동 시간에 늘 관심을 가져주고 쉬운 문제 해결을 통하여 아이의 자신감을 북돋워 준다.

현재 학습을 지도할 때 선수학습에서 필요한 요소에 대해 점검하고 부족한 부분은 없는지 점검한다. 부족한 선수학습 요소가 있는 경우 반드시 지도한 후 현재 학습을 지도해 나간다.

학습부진 아이가 생각할 수 있도록 좋은 질문을 한다.

(예) "이 문제는 어떤 방법으로 풀었니? 설명해 줄래?"
"좀 더 좋은 방법은 없을까?"
"이 덧셈 문제를 뺄셈으로 풀어 보면 어떨까?"
"이 문제를 문장제 문제로 만들어 보자."

✗ 아이의 주의력을 기울이기 위한 게임을 해 본다.

(예) 선생님의 말씀을 잘 듣고 그려 보세요. 단, '가라사대'라고 말을 한 경우에만 따라서 그립니다.

- '가라사대' 원을 그리세요.
- '가라사대' 원 옆에 네모를 그립니다.
- '……' 네모 안에 삼각형을 그립니다.
- '가라사대' 원 안에 자기 이름을 쓰세요.

✗ '친구 좋은 점 말하기' 활동을 통하여 아이의 좋은 점을 발견할 수 있도록 한다.

✗ 아이의 학습활동에 학급 아이들의 도움이 필요함을 알리고 학습 도우미를 선정하여 짝꿍이 되어 도움을 줄 수 있도록 한다.

✗ 부모교육을 통하여 아이의 학습 상태에 대해 알려 주고 현재 아이가 학습에 자신감을 갖는 것이 중요함을 알린다. 기초학습 보충과 더불어 현재 수행하고 있는 교육과정에도 관심을 가져 결손이 되지 않도록 꾸준한 관심을 갖도록 요청한다.

학습부진 탈출하기 전략

[100문제 계산법을 통한 계산력 키우기 및 집중력 기르기]

- 단계 1: 가로 세로 10칸씩 숫자를 기입하여 덧셈, 뺄셈, 구구단, 곱셈하기
- 단계 2: 초시계로 시간 측정하기
- 단계 3: 매일의 변화 측정하기
- 단계 4: 성취감 통해 자신감 갖기

[전래동화 낭독하기를 통한 독해력 기르기]

- 단계 1: 아이 수준에 맞는 전래 동화 선정하기
- 단계 2: 마음에 든 문장 큰 소리로 낭독하기
- 단계 3: 빠르게 낭독하기
- 단계 4: 읽었던 내용 말하기

['사전 찾기 게임' 을 통한 어휘력 기르기](어린이 신문, 월간지, 동화책, 교과서등 활용)

- 미리 연습하기
  - 단계 1: 정해진 자료에 낱말 골라 자료 제공하기
  - 단계 2: 사전에서 찾아보기

- 단계 3: 낱말의 뜻 큰 소리로 읽어보기
- 단계 4: 읽어 본 낱말 사전에 표시하기
- 단계 5: 미리 찾아본 낱말 친구와 함께 찾아내기 게임하기

• 게임하기: 듣는 방법을 돕는 활동
- 단계 1: 서로 관련이 있는 물건(미술도구, 색칠도구, 필기도구, 소꿉놀이 등)
- 단계 2: 아이와 함께 물건의 이름 말해 보기
- 단계 3: 아이를 눈 감게 한 후 물건 하나를 감추기
- 단계 4: 없어진 물건이 무엇인지 찾기

아이가 능숙하게 한 경우 물건의 수를 늘려나가거나 '상황'을 제공하여 필요한 물건이 무엇이 있는지 모둠별로 할 수 있다.

"나는 청소할 때 걸레가 필요해." 하고 앞 사람이 말하면 다음 사람은 '청소할 때는 걸레, 비로 할 테야." 그다음 사람은 "청소할 때는 걸레, 비, 집게가 필요해."처럼 모두 말한 후 자기가 선택한 것을 말한다.

아이를 위한 부모의 전략

• 중립지키기기: 아이가 성공하기보다는 조금씩 향상되고 있다는 것에 관심을 두고 아이가 실망할 때 돕도록 한다.

• 교사에 대해 긍정적인 태도 보이기기: 부모가 교사와 대항하여 아이편이 되지 말아야 하며, 문제가 있을 때 개별적으로 상담한다.

- 아이 수준을 고려하여 목표 세우기기: 수행 목표에 대하여 부모가 아이가 성취할 수 있는 적절한 기준을 설정하되 필요한 경우 교사의 도움을 받는다.
- 아이 스스로 해결하게 돕기기: 어려운 문제가 있을 때마다 부모가 도와주거나 지시를 하지 않도록 한다. 아이가 스스로 해결할 수 있도록 지지해 주고 모르는 경우 푸는 방법에 대한 절차만을 설명해 준다.
- 성취감 갖기기: 아이가 성공을 경험할 수 있는 기회를 제공하고 노력한 결과 성공했다는 결과가 나타나 성취감을 자주 갖도록 돕는다.
- 학습습관 길들이기기: 매일 정해진 시간에 정해진 장소에서 일정한 시간 동안 공부하도록 한다.
- 아이와 함께 의사결정하기: 아이에게 영향을 미치는 사항에 대해서 아이를 참여시켜 결정하도록 한다.
- 보상 약속은 꼭 지키기: 아이가 약속한 것을 충분히 했을 때 반드시 약속한 보상을 한다.
- 효과적인 의사소통하기: 아이가 이해할 수 있는 언어를 사용하고 아이의 견해를 이해하도록 한다.
- 자신감 키우기: 아이에게 심리적인 지지를 보내며 위협을 주지 않는 장소를 제공해 줌으로써 학습에 대한 자신감을 최대화한다.

교사가 아이의 자신감을 돕는 전략

- 교사는 아이들과 좋은 관계를 맺어 학급 분위기를 부드러운 분위기로 만들기
- 장점 추켜 주기, 칭찬과 처벌 균형 맞추기, 아이 결정 존중하기, 아이에게 맞는 과제물을 제시하되 과제에 대한 완벽주의 포기하기, 개성을 존중하고 비교하지 않기, 자기 칭찬하기, 자기 긍정 태도 갖게 하기
- 적극적으로 아이에게 애정 표현하기
- 가족 배경, 집에서 일어나는 일, 지역공동체나 기관 등 아이의 주변 환경에 대하여 관심을 두어 필요한 경우 도움 요청하기
- 알림장이나 긍정적인 노트, 편지, 전화, 메일 등을 통해 부모와 규칙적으로 의사소통하기

학급에서 아이들과 함께 실시할 수 있는 전략

[게임을 통한 수업활동에 참여시키기]

- 단계 1: 4~5명으로 모둠 구성하기
- 단계 2: 게임 규칙 설명하기– 학급 아이들의 이해를 구하여 아이가 발표나 질문을 한 경우 점수를 두 배로 준다.
- 단계 3: 학습과 관련된 문제 제시하기
- 단계 4: 활동 후 아이들의 소감 발표하기

[학급회의를 통한 아이를 돕는 전략(아이가 없을 때 실시)]

교사는 학급 아이들을 통해 학습부진 아이가 학교생활에 잘 적응하려면 학급 아이들의 도움이 꼭 필요함을 알린다. 학급회의를 통해 아이를 돕는 방법이 무엇인지 찾아보도록 한다.

[친구 장점 찾아 칭찬하기]

- 단계 1: 칭찬에 대한 이야기 나누기
- 단계 2: 칭찬할 때와 칭찬받을 때 느낀 점에 대해 말하기
- 단계 3: 교사가 시범보이기- 학업, 외모, 행동 등에 대하여 칭찬하는 시범보이기(네가 해냈어. 정말 자랑스럽다, 열심히 노력하고 있구나, 웃는 모습이 정말 예쁘구나, 너는 생각이 깊은 아이구나 등)
- 단계 4: 행동 시연하기- 아이 선발하기(학습부진 아이 포함), 역할놀이(옆에 있는 친구 칭찬하기), 칭찬에 대한 올바른 행동 강화하기(수정 가능), 비언어적 표현으로 강화하기(교사), 역할놀이 후 역할놀이와 수정 내용 토론하고 칭찬의 중요성 알기
- 단계 5: 연습하기(칭찬 자격증 제공하기)
- 단계 6: 돌려가며 서로 칭찬하기
- 단계 7: 지속하기(모두를 기분 좋게 하는 것은 칭찬임을 상기시키기)

가정환경 때문에 방황하는 아이

no. 1 어젯밤에 잠 안 잤니

no.2 짝궁 바꿔 주세요.

선생님, 저……,
무심이한테서 냄새가 나서 같이
못 앉겠어요.
응, 냄새?
무심이는 목욕을
안 하나 봐요.
요새는 만날 더러운
냄새가 나서 친구들도
무심이가 싫대요.
어머……, 알았어. 선생님이 살펴볼 테니
조금만 참아 줘, 내일까지 당장 씻고
오라고 할게.

방황하는 아이

이혼한 부모는 아이를 다른 사람에게 맡기고 거의 돌보지 않는다. 아이 양육을 맡은 사람도 아이를 제대로 돌보지 못해서 걸핏하면 지각하고, 혼자 자고, 굶기를 밥 먹듯 한다. 공부할 마음은 있지만 가정환경이 이를 뒷받침해 주지 못하는 경우다.

영혼이 맑고 착하며 친구들과도 잘 어울리는 무심이는 부모가 이혼한 일곱 살 이후부터 큰아버지 댁에서 살아가는 3학년 남자아이다. 아침을 먹고 오는 일이 거의 없어서 수업시간에는 졸기 일쑤이고 말이나 행동상의 문제는 없는데 숙제는 답 없이 거의 문제만 써 온다. 학업에 열의가 없어 거의 꼴지에 가까운 성적을 보이며 자주 지각을 한다. 무심이 아버지는 같은 지역에 살면서도 1년에 두 번 정도만 만나고 새 살림을 차리고 산다.

교사의 대처

담임교사는 무심이가 보이는 여러 가지 문제로 무심이와 대화를 했지만 이혼한 부모의 이야기를 자세히 알아내지 못했다. 가정환경 파악을 위해 큰엄마를 직접 찾아가 상담한 결과, 무심이 부모는 고등학생 때 만나 철없이 무심이를 낳고 자주 싸우던 끝에 헤어지고는 큰아버지 집에 무심이를 맡기고 거의 돌보지 않는다고 한다. 자신들도 살기가 어려워서 남편은 건축일 잡부로, 자신은 오후부터 맥주 집에서 일을 하는데 새벽에 들어오기 때문에 무심이의 아침, 저녁을 잘 챙기지 못한다고 했다. 큰엄마는 무심이 때문에 부부싸움이 심해서 자주 집을 나가는데 남편에게 꼭 들켜서 온몸에 멍이 시커멓게 들도록 두들겨 맞는다고 하였다. 큰아버지가 큰엄마를 찾으러 나가는 날이면 무심이는 혼자 자고 굶는다는 것이다. 숙제나 생활 상태를 돌봐줄 형편이 전혀 되지 못하는 듯하였다.

이혼한 부모와 직접 상담하지 못하고 교사와 교사 가족이 오랫동안 다양한 방법으로 아이를 돌봐왔다. 그러던 어느 날 무심이 짝궁이 무심이 몸에서 나는 냄새 때문에 아이들이 싫어한다는 말을 듣고 부모와 상담이 절실하다고 생각했다. 그래서 무심이 엄마에게 전화를 하니 요지부동 있었다. 그러나 다행히 무심이 아버지는 관심을 보였다. 아버지의 감정에 호소하기 위해 약간의 과장을 하면서 무심이의 상황과 교사가 애써 온 과정을 이야기하였다. 눈물어린 담임교사의 이야기를 듣고 아버지는 많이 반성하는 눈치였다. 그때부터 아버지는 아이를 돌보기 시작했고 무심이는 가끔 지각은 하였으나 큰아버지 집에서 별 문제없이 평화롭게 학교에 다니기 시작했다.

교사의 대처 방법 분석

잘한 점

- 아이의 문제에 대해서 화를 내거나 따지지 않았다.
- 아이의 상황을 개선하려고 큰엄마와 상담하였다.

- 다양한 방법으로 도움을 주었다.
- 교사의 가족과 함께 아이의 상황을 돌봐 주었다.
- 아버지로 하여금 아이에게 신경을 쓰도록 강력하게 감정에 호소하였다.

개선할 점

- 지각하지 않도록 생활 태도 개선에 노력해야 한다.
- 학습부진의 문제가 있었으니 이를 개선하려는 노력이 필요하다.

상담적 접근

일반적으로 할 수 있는 관심과 배려

무심이의 경우는 부모와 오랫동안 떨어져 있었고 큰아버지 부부에게서도 따뜻한 보살핌을 받지 못했으나 아이의 심성이 워낙 곱고 두뇌 문제도 없는 데다가 아버지도 심성이 고운 경우라서 문제가 비교적 쉽게 해결되었다. 그런 결과를 얻기 전까지 담임교사는 아이의 문제를 개선시키기 위해 다음과 같이 다양한 관심을 보였다.

아이의 상태 파악

자주 졸고 지각하는 문제를 보고 큰엄마를 찾아가 상담하고 가정환경을 파악한 후 여러 가지 조치를 취하였다.

아이의 문제 돕기

- 영양사와 상의하여 급식 후 남은 음식을 집으로 가지고 가서 아침, 저녁을 해결하도록 하였고, 큰아버지의 가정형편이 좋지 않아서 무료급식을 할 수 있도록 조치하였다.
- 무심이가 자주 혼자 자는 일을 해결하기 위하여 큰아버지 집을 방문하고 어린 무심이가 빈 집에서 혼자 자면서 어떤 생각을 하게 될지, 무슨 일이 일어날지에 대해 심각하게 이야기하고 혼자 자는 일이 없도록 배려 해 줄 것을 부탁하였다.
- 옷도 남이 입던 옷을 얻어 입는 형편인지라 교사가 알뜰시장에서 1년치 옷을 구입해 주거나 교사의 가족과 함께 새 옷을 사 주기도 하였다.

부모와 전화상담하여 아이의 문제 해결하기

- 엄마는 아이를 돌볼 의사가 전혀 없어서 아버지를 상대로 아이의 상황을 자세히 이야기하였다.

• 아버지의 양심을 자극해서 아이를 돌보게 하려고 약간 과장된 연기를 하면서 아버지의 심금을 울리는 다양한 말을 하였다. 이야기를 하는 오랫동안 아버지는 말없이 듣기만 하였는데 가끔 울음을 삼키고 한숨을 쉬는 듯했다.

- 아이는 누구를 닮았는지 잘 생기고 착하기 그지없다.
- 이런 환경 속에서 자라는 대부분의 아이는 행동이 비뚤어지기 쉬운데 아이가 이런 환경 속에서도 나쁜 행동을 한번 하지 않고 아무렇게나 하는 숙제지만 그래도 해 오고 있는 걸 보면 가슴이 아프기도 하고 한없이 고맙다.
- 비뚤어질 만한 환경인데도 착하게 자라는 걸 보면 어린 무심이가 큰아버지나 아버지의 처지를 이해하고 말없이 참아 내는 것 같다.
- 무심이 때문에 아무 죄도 없는 큰아버지 댁이 무너지고 있는 것도 지켜보기 어려웠다. 큰엄마는 무슨 죄가 있어서 온몸에 멍이 시퍼렇게 들도록 맞아가면서 살아야 하는지 정말 가엾더라.
- 수업이 끝나면 급식소에서 남은 음식을 플라스틱 통에 담아가는데 어린 무심이인지라 데워 먹지도 못하더라.
- 어린 무심이가 걸핏하면 굶어서 텅빈 머리로 무슨 공부를 하겠으며 공부를 한들 머릿속에 들어가기는 하겠는가.
- 얼굴을 깨끗이 씻고 환하게 웃는 사랑스럽고 예쁘기만한 무심이를 보면 어떻게 이런 아이를 두고 새 가정을 꾸릴 수 있었는지 이해하기 참 힘들다. 재혼가정에도 아이는 있는가? (이 말은 교사가 공격을 당할 수도

있는 위험한 말이었는데 아버지가 말없이 듣고 가끔 한숨을 쉬는지라 반성하는 것 같아서 내친 김에 아픈 가슴에 더 자극을 주자는 의도로 용기를 내어 한 말이다.)

- 부부가 이혼한 것이야 부부 사정이니 교사로서 그 부분에 대해 할 말은 없지만 아이는 무슨 죄가 있어서 이런 아픔을 견뎌야 하는지 정말이지 교사는 마음이 아프다.
- 만약 아버지가 무심이와 같은 처지에 있다면 무슨 생각을 하면서 어떤 행동을 하며 살겠는가?
- 아이가 언제까지 옷을 얻어 입고 담임교사가 사 줘야 하는 것이냐.
- 가능한 한 자주 만나서 아이가 행복한 마음으로 학교에 다니고 공부에 신경 쓰도록 해 달라.
- 마지막으로 내일은 꼭 목욕을 시켜서 예쁘고 비누냄새가 나게 해서 학교에 보내 달라는 것과 아이에게 변화가 없으면 자주 전화를 드리겠다고 단호하게 쐐기를 박았다.

무심이의 경우는 아버지가 매우 착한 경우라서 교사의 설득에 따라 아이를 잘 돌보았지만 그렇지 않은 경우, 이혼 후 더구나 아이를 형제들에게 맡긴 경우에도 이 방법이 설득력이 있을지는 의문이다. 이런 방법이 소용이 없는 경우라면 엄마를 설득하거나 고모나 이모, 할머니 등 부모를 대신할 만한 주변의 인물들, 또는 독지가를 구하여 아이에게 각별한 관심을 가질 수 있도록 하여야 한다. 이에 더하여 교사도 한쪽 부모 역할을 하여 아이가 부모에게서 받지 못하는 사랑을 어디선가는 받고 자신이 버려지지 않았음을 알고 자신의 미래를 위해 공부할 수 있도록 하여야 한다.

구체적인 전략

가정환경문제가 어느 정도 해결되었으면 어느 정도는 마음잡고 공부할 상황이 되었으므로 학력 향상을 위한 구체적인 방법이 필요하다. 다행하게도 이 경우는 지능상의 문제가 없으므로 교사가 조금만 관심을 가지면 많은 향상을 가져 올 수 있다.

지각하는 문제 해결 방법 찾고 노력하기

지각하는 원인과 일찍 일어나는 방법을 교사와 함께 알아보며 개선 방법을 알고 실천하도록 돕는다.

- 지금까지는 큰엄마와 큰아버지의 불화로 아이의 늦잠을 깨우지 못하거나 큰엄마의 늦잠으로 해서 지각이 잦았으므로 아버지와 상의하여 아이방에 알람시계를 놓거나 아버지가 매일 전화로 깨우도록 한다.
- 교사는 아이가 지각을 하더라도 잘못을 추궁하지 말고 지각하지 않는 날에 스티커를 주거나 다양하게 강화기법을 활용하여 행동을 수정할 수 있

도록 돕는다.

숙제 바르게 하는 행동 강화시키기

- 숙제가 있는 날에는 특별히 남겨서 교사가 과목의 특성을 살려서 숙제하는 방법이나 공책 정리하는 방법을 지도한다.
- 좋아하는 친구나 봉사정신이 강한 아이를 숙제 도우미로 활용한다.
- 공부시간에 집중하는 태도는 숙제에 도움이 되는 행동임을 지도한다.
- 토요일이나 일요일에 숙제가 있는 경우에는 같은 동네에 사는 친구를 활용하고 도움을 준 친구에게 교사가 강화물을 주거나 칭찬을 한다.

스스로 공부하는 태도 가지게 하기

- 현재 아이의 학력 상황을 알려 준다.
- 공부를 해야 하는 이유를 학급 전체 아이들과 토의한다.
- 아이와 함께 지금보다 공부를 더 할 수 있는 방법을 알아보고 스스로 공부할 계획을 세우도록 한다.
- 공부하는 데 필요한 준비물을 함께 챙기고 실천하도록 한다.
- 아이가 세운 계획에 따라 공부하고 있는지 살펴보며 강화시켜 나간다.
- 지금까지는 공부에 전혀 신경 쓰지 않았지만 평소 공부 외에 시험에 대비한 공부를 시킴으로써 아이가 자신도 공부를 하면 잘할 수 있다는 자신감

을 갖도록 도와준다.

주변 환경 이용하기

- 집에서는 공부할 환경이 되지 못하니 친구들과 주변에서 공짜로 공부 할 수 있는 곳을 찾아보게 한다. 주변의 공짜 공부방, 사회복지관, 대학생 멘터링 등을 활용하도록 한다.
- 교사는 아이가 학교에서 공부를 열심히 하거나 숙제를 잘하면 칭찬을 하고 아이 주변의 중요 인물들에게 미리 전화하여 아이의 바람직한 행동에 칭찬을 하도록 약속한다.
- 친구들과 더 사이좋게 지내게 하여 숙제나 공부하는 데 많은 도움을 받도록 한다.

공부 잘하고 싶어도 성적이 오르지 않는 아이

no. 1 수업장면

no. 2 숙제를 하려고 해도 그게 잘 안 돼요

의욕과 지능은 있으나 학습 가능성만큼 성취하지 못하는 아이

부모의 부재와 경제력 부실로 조부모와 함께 살고 있으며 학습과 과제 해결이 미흡하여 학습에 부진을 보이는 경우다.

착하고 바르며 밝은 성격을 가진 열의는 성적은 조금 부진하지만 발표력이 왕성하고 공부 잘하고 싶어서 적극적인 수업 태도를 보이는 4학년 남자아이이다. 하지만 시험을 보면 수업시간에 보였던 왕성함에 비하여 형편없는 성적을 보인다. 남겨서 같은 시험지를 다시 보면 훨씬 좋은 점수를 얻는다. 숙제도 자주 해 오지 않는다. 아버지의 생활 능력 부족으로 엄마는 열의가 다섯 살 때 가출을 했고, 아버지는 그 후 술을 더 많이 마시고 경제력도 더 약화되어서 아이들을 두 분 모두 신체적으로 장애가 있는 조부모 댁으로 보내고 자신은 타지에서 혼자 지낸다. 열의는 밝은 이면에 그늘이 보이고 수업시간에도 창밖을 자주 내다본다. 2학년인 여동생은 병치레를 자주 하고 가끔 우울한 모습을 보인다. 또 엄마가 돌아오길 기다린다는 일기를 가끔 쓴다.

교사의 대처

이 학급 전체 인원 20명 중 한부모나 조손 가정의 아이가 6명이나 된다. 그럼에도 불구하고 아이들의 모습이 밝아서 별문제가 없으려니 했는데 유독 열의가 이런 문제를 보인다. 할아버지 댁은 조립식 창고 같은 건물 한 칸에 방과 거실, 주방이 같이 있는 작은 규모의 집이었다. 아이가 공부할 만한 환경이 되지 못했다. 게다가 조부모 모두 신체적인 장애가 있다. 조부모와 상담한다고 해서 가정환경이 더 좋아질 수 있는 형편이 되지 못했다. 엄마의 행방도 전혀 모르고 아버지는 가끔 돈이나 달라고 연락한다고 한다.

가정형편이 이렇다 보니 열의가 가지고 있는 좋은 특성에도 불구하고 선행학습이 전혀 없었고 숙제나 공부에 신경을 쓰는 사람이 없으므로 학습이 부진할 수밖에 없으며, 아이들이 잔병치레 하는 것은 당연해 보였다. 할아버지와 할머니는 형편이 그래서 인지 아이가 공부로 성공할 것이 아니라면 굳이 공부하라고 하지 않는다고 하셨다. 하지만 공부를 잘하고 싶어 하는 열의의 생각과 학교에서 상황을 이야기하고 지금보다 더 많은 관심과 사랑을 주고 숙제와 공부하는데 신경을 써 달라는 부탁을 하고 돌아왔다.

담임교사는 숙제가 있을 때마다 방과 후에 아이를 남겨서 지도하였고, 전 과목의 부진 문제는 시험보기 얼마 전부터 시험공부를 조금씩 도와주는 정도였다. 아이는 방과 후에 교사와 숙제나 공부를 하다가도 멍하고 외로운 모습으로 창밖을 자주 바라보면서 깊은 한숨을 쉬곤 했지만 성적은 조금씩 향상되어 갔다.

교사의 대처 방법 분석

잘한 점

- 아이의 문제를 돕기 위해서 가정 방문을 실시하였다.
- 방과 후에 남겨서 숙제와 공부하는 것을 도와주었다.
- 조부모에게 아이의 숙제와 공부에 신경 써 줄 것을 당부하였다.

개선할 점

- 만날 수 없는 엄마를 그리워하는 문제에 대한 도움이 필요하다.
- 아이가 건강하고 자신감을 가지고 공부할 수 있도록 배려한다.
- 공부하고자 하는 열의는 있으므로 아이의 특성에 맞는 실력 향상 접근이 필요하다.

상담적 접근

일반적으로 할 수 있는 관심과 배려

여러 가지 좋은 특성을 가지고 있지만 가정환경 때문에 재능을 발휘하지 못하는 상황이므로 먼저 심신이 건강하도록 해 주고 자존감을 살려서 학습에 까지 영향을 줄 수 있도록 하는 것이 필요하다.

교사가 엄마되어 주기

- 교사는 돌아올 가능성이 희박한 엄마를 기다리며 애를 태우는 마음을 충분히 공감해 주고 아이의 대리 엄마 역할을 해 주어 정서적으로 안정되도록 격려해 준다.
- 아이는 엄마가 언젠가 돌아올 것이라는 막연한 기대로 애를 태우고 있었고, 경제적 도움도 주지 못하고 학습에 신경도 쓰지 못하는 아버지에 대한 생각까지 깊다보니 늘 우울한 듯했다. 따라서 엄마가 아이 앞에 나타나지 않는 것은 사정이 있을 것이고 아주 나타나지 않더라도 항상 아이를 사랑하는 마음으로 잘 되기를 기도하고 있을 것이라고 안심시켜 준다. 또 걱정해도 개선되지 않는 문제임을 인식시키면서 걱정만 할 게 아니라 스스로 건강하게, 열심히 공부하는 것이 엄마가 진정으로 바라는 것이라고 이해시킨다.

독서를 통해 자신의 처지를 인정하고 극복하게 하기

교사는 아이가 가지고 있는 문제와 관련 된 책을 선정해 주어 아이로 하여금 주인공과 주변 인물들의 삶, 감정, 생각, 결정, 행동 등을 대리로 경험하게 해서 정서적으로 안정감을 갖게 해 준다. 뿐만 아니라 아이가 책 속에서 자신과 비슷한 문제에 부딪친 주인공이 문제를 해결해 가는 과정을 봄으로써 자신의 생활에 적용할 수 있게 도와주고 자신의 문제가 자기 혼자만의 것이 아님을 알도록 해 준다.

같은 처지의 친구들과 집단상담하기

한부모 가정의 아이들이 이 학급만 해도 6명이나 되므로 상담 기회를 만들어 자신들이 가지고 있는 고민, 바람, 공부 문제 등의 이야기를 나누면서 같은 처지에서 서로 어떤 생각을 하며 살아가고 있는지 마음을 나눌 수 있도록 배려한다. 지역사회, 사회복지관 등에 연락하여 경제적인 도움을 받을 수 있도록 배려한다.

자존감 높여 주기

이 경우의 아이는 능력은 있으나 가정환경의 영향으로 자존감이 극히 떨어져 있는 경우이므로 자존감을 높여서 학력 향상의 밑거름이 되도록 다양하게 돕는 방법이 좋다.

- 운동 시키기: 아이가 가진 잔병은 우울하고 마음이 아파서 생기는 듯하므로 씩씩하게 운동을 하면서 엄마, 아빠에 대한 생각을 잠시라도 잊고 명랑하게 지내도록 도와준다. 운동부, 동아리 축구 등 신체와 관련된 활동에 적극 참여하게 하면 몸이 건강해지면서 정신도 건강해진다.
- 아이가 가진 능력 발휘하도록 하기
  - 자신이 가진 장점을 스스로 찾게 하거나 교사가 찾아 주어 학교나 외부

기관에서 실시하는 다양한 행사에 참여하게 하고 실적을 올리도록 적극적으로 도와준다.

- 적극적으로 발표하는 아이의 특성을 살려서 아이가 자신 있어 하는 영역에서 더 많은 발표를 시키고 칭찬을 통해서 학습에 자신감을 갖도록 한다.
- 흥미와 능력을 살릴 수 있는 방과 후 활동을 하게 함으로써 자신의 장점을 살려가도록 한다.

• 중요한 역할 부여: 활동성도 좋은 아이이므로 각종 학예행사나 대회 준비에 리더 역할을 맡기면서 아이가 하는 역할이 친구들과 교사에게 아주 중요한 역할임을 강조하여 아이가 자신의 역할에 최선을 다하고 만족감을 얻도록 한다. 그리고 말을 잘하고 활발하기 때문에 교사가 심부름을 시키면 책임감과 자부심을 가지고 열심히 할 것이다. 교사는 아이에게 "네가 도와줘서 선생님은 얼마나 큰 도움이 되는지 모른단다."라는 등의 칭찬의 말로 학급에 없어서는 안 될 소중한 존재라는 것을 인식시킨다.

구체적인 전략

공부를 잘하고 싶어 하지만 가정의 물리적 환경과 부모의 지원이 거의 없는 상황이다. 그래도 아이는 공부를 잘하고 싶은 의욕이 있으므로 실제로 공부를 잘하기 위해 얼마나 어떻게 노력하고 있는지 알아보고 지도할 방법을 모색한다.

가정에서의 학습환경 점검하기

다음 사항 등을 점검하고 조부모와 상담하여 의욕이 있는 아이이므로 방에 칸막이라도 설치하여 숙제와 공부할 시간만이라도 텔레비전과 떠드는 가족들로부터 격리하도록 한다. 또한 경제적 지원이 필요하면 관리자들과 지원할 수 있는 방법을 모색해 본다.

- 집에서 지금보다 공부하기 좋은 환경을 만들 수는 있는가?
- 가족은 아이의 공부에 얼마나 신경을 쓰는가?
- 집에서 공부하기 힘든 환경인데 그래도 집에서 공부하려고 애는 써 보았는가?
- 공부방이 있으면 공부를 더 열심히 하고 숙제도 열심히 하겠는가?

숙제 태도 살피기

다음의 사항을 점검하고 숙제를 하는 것은 공부를 열심히 하게 되는 계기가 되고 선생님께 꾸중을 듣지 않으므로 수업시간에 집중도 잘 된다는 것을 알려준다. 또한 숙제 잘하는 친구들과 자신의 성적을 비교하면서 숙제의 중요성을 깨닫도록 한다.

- 숙제를 할 때는 남들보다 잘하려고 애는 썼는가?
- 숙제를 하는 이유는 무엇인가? (선생님께 꾸중을 듣지 않으려고, 공부를 더 잘하려고 등)
- 숙제를 할 때 모르는 것은 어떤 방법으로 해결하였는가?
- 숙제를 하지 않으면 어떤 마음이 드는가?
- 숙제를 하고 칭찬을 받아 본 적은 있는가? 그때의 느낌은 어떠했는가?
- 숙제를 해 갔을 때의 기분은 어떠한가?

숙제를 해 올 때마다 스티커를 주고 칭찬함으로써 숙제를 바르게 이행하도록 하되 성의껏 한 정도에 따라 스티커 수를 달리한다.

공부에 대한 동기 부여하기

다음 사항 등을 알아보고 훌륭한 위인 중에는 아이처럼 어린 시절에 공부를 못했지만 뒤늦게 노력하여 훌륭하게 된 사람이 많다는 것과 아이가 가지고 있는 다양한 능력을 칭찬하면서 지금까지는 공부다운 공부를 해 본적이 없기 때문에 지금부터 열심히 하면 아주 잘할 수 있다는 신념을 심어 준다.

- 숙제가 없을 때 따로 공부를 한 적은 있는가?
- 공부를 잘하고 싶은 이유는 무엇인가?
- 자신의 능력에 대해 어떻게 생각하는가?

- 어떤 사람으로 자라고 싶은가?
- 공부를 잘하기 위해서 노력한 적은 있는가? 있었다면 어떻게 노력하였는가?
- 공부를 해 본 결과 좋은 성적을 얻은 경우가 있었는가?
- 좋은 성적을 얻었을 때 자신의 느낌은 어떠했는가?
- 내가 지금보다 공부를 더 잘한다면 무엇이 달라질까? 또 누가 가장 좋아할까?
- 자신이 지금보다 열심히 공부를 하면 성적이 오를 것이라고 생각하는가?

현재의 수업 태도 점검하기

- 수업시간 전에 수업 준비를 하는가?
- 수업시간에 얼마나 집중을 하는가?
- 수업 내용은 얼마나 이해하고 있는가?
- 수업에 적극적으로 참여하는가?
- 수업시간에 집중에 방해가 되는 것은 무엇인가?
- 수업시간이 재미있을 때도 있는가?

시험 준비 및 태도의 점검

다음 사항 등을 점검하고 교사와 함께 성적 향상 그래프를 만들어 작은 시험이라도 자신의 성적 변화를 점검하도록 한다.

- 시험에 대비하여 공부를 한 적은 있는가?
- 시험 때가 아니라도 공부를 한 적은 있는가?
- 시험을 본다는 소식을 들으면 마음은 어떠한가?
- 시험 볼 때 목표를 정해 본 적은 있는가?
- 시험 볼 때 집중하여 신중하게 답하는가?
- 시험 시간이 많이 남았을 때 틀린 것이 없는지 살펴보는가?
- 시험을 보고 난 뒤 성적이 좋지 않으면 어떤 생각이 드는가?
- 시험을 보아 성적이 떨어지면 어떻게 할 것인가?
- 스스로 만족할 만한 성적을 얻은 경우가 있는가?

수업시간에 더 잘하기 위한 마음 다지기

어떻게 하면 수업시간에 더 효과를 볼 수 있을지 아이와 함께 점검하고 스스로 노력해 가는 모습을 다양한 방법으로 강화시킨다.

학습 의욕 북돋우기

- 교사는 아이가 열심히 공부하도록 다양한 도움을 줄 것이라는 것을 약속함으로써 아이가 학습 의욕을 가지고 꾸준히 노력하도록 돕는다.
- 아이가 잘 못하는 부분이 있더라도 항상 성공감을 줄 수 있도록 한다.

- 무리하게 성적을 올리려고 하지 않는다.
- 수업시간에 궤간 순시를 통하여 개인적으로 지도하면서 격려한다.
- 원하는 대로의 결과가 나오지 않았을 때 아이는 실망을 할 수 있으나 실패가 아니라 누구에게나 얼마든지 일어나는 하나의 과정임을 알려 준다.
- 학급 아이 전체가 부족한 부분을 서로 알려 주고 지도하는 분위기로 만든다.
- 학급 아이들과 해결이 되지 않는 문제는 교사가 적극 나서서 다양한 방법으로 돕는다.

학습 습관 정착시키기

'나의 공부 습관 및 시험공부 점검표' 를 주 1회씩 작성하여 교사와 함께 점검하면서 성적 향상을 꾀한다. 좋은 습관이 정착되고 성적의 향상이 보일 때까지 지속한다.

나의 공부 습관 및 시험공부 점검표

년 월 일 이 름 :

순	내 용	점 수				
		5	4	3	2	1
1	집에서 가족이 떠들거나 TV를 보더라도 숙제를 하는가?					
2	숙제를 할 때는 남들보다 잘하려고 애는 썼는가?					
3	공부를 잘하기 위해서 숙제를 하는 것인가?					
4	성적이 오르고 있다고 생각하는가?					
5	잘 모르는 숙제를 할 때 누군가에게 도움을 받으려고 하였는가?					
6	숙제를 하면서 기분이 좋았는가?					
7	자신이 공부를 잘할 수 있는 사람이라고 생각하는가?					
8	노력한 만큼의 결과가 나왔다고 생각하는가?					
9	숙제를 하고 칭찬을 받아 본 적은 있는가?					
10	수업시간이 재미있다고 느껴지는가?					
11	수업시간 전에 수업 준비를 하는가?					
12	수업시간에 집중은 잘하였는가?					
13	수업 내용을 바르게 이해하였는가?					
14	수업시간에 다른 생각을 하지는 않았는가?					
15	시험에 대비하여 공부를 했는가?					
16	시험 볼 때 목표를 정하고 했는가?					
17	시험 볼 때 집중하여 신중하게 답했는가?					
18	시험 시간이 많이 남았을 때 틀린 것이 없는지 살펴보았는가?					
19	다른 친구들이 나보다 좋은 성적을 얻으면 부러운가?					
20	시험을 보거나 선생님께 칭찬을 받으면 어른들께 알리는가?					
계	총점 :					

자신의 반성 및 의견		교사의 의견	

진으로 어려움을 겪는 아이●가정환경 때문에 방황하는 아이●불안증으로 인하여 학습이 부진한 아이●시험 때마다 아픈
때마다 컴퓨터에 더 매달리는 아이●쓰기를 너무 싫어하는 아이●똑똑히 읽지만 뜻은 전혀 모르는 아이●학습과제를 하지
향상되지 않는 아이●암기요령을 몰라 학습능력이 향상되지 않는 아이●공부를 열심히 하고자 하는 마음이 아직 없는 아
흥미가 없는 아이●공부시간에 손장난 하는 아이●공부시간에 가만히 있지 못하는 아이●과정보다 답이 중요한 아이●속진
로 공부에 흥미를 잃은 아이●학습부진으로 어려움을 겪는 아이●가정환경 때문에 방황하는 아이●불안증으로 인하여 학습
아이●시험 때마다 아픈 아이●시험 때마다 컴퓨터에 더 매달리는 아이●쓰기를 너무 싫어하는 아이●똑똑히 읽지만 뜻은
아이●학습과제를 하지 않아 성적이 향상되지 않는 아이●암기요령을 몰라 학습능력이 향상되지 않는 아이●공부를 열심
하는 마음이 아직 없는 아이●공부에 흥미가 없는 아이●공부시간에 손장난 하는 아이●공부시간에 가만히 있지 못하는 아

학습과제를 하지 않아 성적이 향상되지 않는 아이

암기 요령을 몰라 학습 능력이 향상되지 않는 아이

과정보다 답이 중요한 아이

4 심리적 불안

속진(速進)학습으로 공부에 흥미를 잃은 아이

공부를 열심히 하고자 하는 마음이 아직 없는 아이

공부에 흥미가 없는 아이

수업 중 딴 짓이 많은 아이

공부시간에 손장난하는 아이

공부시간에 가만히 있지 못하는 아이

학습부진으로 어려움을 겪는 아이

가정환경 때문에 방황하는 아이

공부 잘하고 싶어도 성적이 오르지 않는 아이

불안증으로 인하여 학습이 부진한 아이

시험 때마다 아픈 아이

시험 때마다 컴퓨터에 더 매달리는 아이

쓰기를 너무 싫어하는 아이

똑똑히 읽지만 뜻은 전혀 모르는 아이

불안증으로 인하여 학습이 부진한 아이

no. 1 공부 좀 해야 하지 않겠니

no. 2 규림이 어때

너희 선생님한테 오는 거 재미있니? 친구들이랑 노는 게 더 재미있지 않아?
아뇨. 선생님이랑 노는 게 더 재미있어요.
아부성 발언 아냐? 참, 규림이는 누구랑 친하게 지내니?
걔요? 특별히 친한 애 없어요. 우리가 얘기하고 있으면 와서는 혼자 뭐라뭐라 하고 그냥 가요. 걔 좀 웃겨요.

no.3 줄넘기 못해요

오늘은 모둠발 뒤로 넘기를 하기로 했죠?
네에~~.
먼저 여러분이 어느 정도 하는지 확인해 보도록 하겠어요. 자기 자리에서 해 보도록 하세요.
어, 규림아, 넌 왜 안 하지?
휙
저, 못해요.
뒤로 넘기가 어렵게 느껴지나 보구나. 잘 봐. 이렇게 하는 거야 한 번 해 볼래?
아니, 저 못한다고 했잖아요.
탁 탁 탁
자, 보세요. 못하잖아요.

낯선 상황, 장소에 대한 불안감이 높고 위축되어 있어 학습이 부진한 아이

학년이 바뀌거나 낯선 장소, 상황에서 불안이 심하여 안절부절못하며 가만히 있질 못하고 왔다 갔다 하며 말이 많아진다. 또 교과 중 수학 성적이 가장 부진하고 새로운 것을 배우게 될 때 자신은 할 수 없다고 하면서 도전해 보지 않으려고 하는 경우다.

규림이는 초등학교 5학년 여자아이이다. 학기 초 실시한 기초학력평가에서 수학과 기초학습부진아 명단에 오르게 되었다. 4학년 때 학교 성적이 좋지 않아 친구들로부터 놀림을 받은 일이 있었는데 이로 인하여 부모는 이민을 고려 중이다. 규림이가 불안을 느낄 때는 가만히 있질 못하고 여기저기 기웃거리면서 혼잣말처럼 몇 마디 하다가 휙 가버리곤 한다. 이처럼 또래들과 깊이 있는 관계를 맺지 못하고 겉도는 행동들로 인해 친한 친구가 없다. 자신감이 부족하고 자신은 공부를 잘할 수 없다는 이야기를 종종 한다.

교사의 대처

3월 첫 날 반을 잘못 알고 다른 반에 있다가 2교시에 교실 앞문을 노크도 없이 확 열고 들어오더니 자리에 앉자마자 계속 손가락으로 책상을 두들겼다. 첫 날이기도 하고 좀 더 지켜보는 것이 좋을 듯해 아무 말 하지 않고 넘어갔는데 그다음 날은 그런 행동을 보이지 않았다.

학기 초 실시했던 진단평가에서 수학 점수가 반에서 최하위 수준이었으며 기초학력평가에서도 수학 점수가 좋지 않아 담임교사는 먼저 부모와 상의를 해야겠다는 생각으로 집으로 연락을 했다.

규림이 어머니와의 통화를 통해 규림이에 대한 전반적인 상황을 알게 된 담임교사는 수학과 특별보충반에 드는 것은 규림이의 자존감을 더욱 떨어뜨리고 학기 초 적응에 문제도 있을 것 같아 담임교사가 직접 규림이의 선수학습의 결손을 지도하기로 하고 집에서도 보충학습을 시킬 것을 부탁했다. 규림이는 수학 성적은 부진하나 국어 성적은 평균 이상이고, 특히 글쓰기에선 다른 아이들보다 우수하여 수업시간에 자주 발표를 시키고 칭찬을 해 줌으로써 자신감을 갖게 하였다. 수업활동 중에 자신감이 부족하여 뒤로 빠지려고 할 때는 강요하기보다는 실패해도 좋으니 한번 해 보도록 하여 수행에 대한 불안감을 줄여 주었다.

교사의 대처 방법 분석

잘한 점

- 아이의 불안행동을 즉각적으로 지적하지 않고 시간을 두고 지켜보았다.
- 아이의 자존감이나 적응상의 문제를 생각하면서 학습부진의 해결 방법을 찾았다.
- 부모와의 전화상담을 통해 아이에 대한 정보를 학기 초 바로 파악하였다.
- 학습부진의 원인을 고려하여 특별 보충반에 들게 하지 않고 담임이 직접 지도하여 불안감을 덜어 주었다.
- 아이의 장점을 찾아 부각시킴으로써 자신감을 갖도록 하였다.
- 소극적이고 자신감 없는 행동에 대해 강요하기보다는 부드럽게 말함으로써 수행 불안감을 줄여 주었다.

개선할 점

- 먼저 아이의 잘잘못을 가리기 전에 불편했을 마음의 원인을 좀 더 정확히 알아보고 원인에 맞는 대처가 필요하다.
- 수학 학습결손이 누적되어 있어 수학에 대한 흥미가 없고 기피하려고 하는 경향이 높으므로 흥미를 가질 수 있도록 하는 진략이 필요하다.
- 불안이 증대되었을 때의 대처 방법에 대한 지도가 필요하다.
- 수학 학습에 대한 불안을 감소시키기 위한 상담적인 접근이 필요하다.
- 이런 아이들은 낮은 학업 성취도로 인해 대인관계를 포함한 사회적인 적응에 문제가 있으므로 사회성 훈련이 필요한 경우가 있다.

상담적 접근

일반적으로 할 수 있는 관심과 배려

- 학습부진아를 우리 학급의 골칫거리 혹은 귀찮은 존재로 여기지 않는다.
- 학습부진의 원인을 알아보고 분석한다.
  - 학습을 효과적으로 하지 못하는 이유는 무엇인가?
  - 그 문제가 언제부터, 왜 발생하였는가?
  - 학업문제에 의해 파생된 다른 문제는 무엇인가?
- 진단평가를 통해 주어진 학습 과제를 해결하기 위해 필요한 학습 기능이

어느 단계에서 결손이 발생했는지 파악하고 지도한다.

- 학습결손에 대한 지도와 더불어 학습부진 아이가 가질 수 있는 학습과 관련된 심리적인 고통, 실망감, 좌절감, 분노, 불안감 등을 공감 · 수용해 준다.
- 아이의 강점과 약점을 파악하여 강점을 부각시켜 자신감을 길러 주도록 한다.
- 부모, 교사, 학원 강사 등의 협조를 얻어 아이의 현재 상태를 분석한다.
- 방과 후 개별지도는 다른 학급 아이들에게 학습부진이 알려지게 됨으로 해서 아이에게 심리적 갈등과 좌절을 줄 수 있으며, 그에 따라 학습에 역효과를 가져올 수 있으므로 신중하게 한다.
- 교과학습 시간의 수준별 지도를 통해 자신감을 갖도록 하고 학습에 적극적으로 참여하도록 한다.
- 학급 아이들 간의 차이점뿐만 아니라 공통점도 부각하여 또래아이들의 태도를 변화시킨다.
- 사회화를 촉진하기 위하여 소집단 활동을 시키며 다양한 사회활동 경험을 제공한다.
- 부모와의 상담을 통해 가정환경 혹은 부모의 양육 태도, 부모와 자녀와의 관계 같은 문제 해결을 위해 노력한다.

구체적인 전략

학습부진상담은 학습부진의 원인이 무엇인지 파악하여 적절한 상담 프로그램의 적용과 학습지도 활동이 병행되어야 한다. 그러나 여기에서는 규림이의 학습부진 해결을 위한 상담적인 접근 방법에 대해서만 살펴본다. 다음의 전략은 수학 불안을 예로 들었으나 낯선 사람에게 말 걸기, 발표하기, 자기주장하기 등 다른 불안 내용에도 적용할 수 있다.

수학에 대한 건강하지 못한 생각 알아보기

먼저 '수학에 대한 건강하지 못한 생각'을 알아본다. 이를 통해 자신의 생각이 얼마나 잘못되었는지를 스스로 깨닫도록 한다.

- 수학시험을 잘못 치르고 난 후, 본인이 수학을 못한다고 생각하고, 매 수업시간마다 긴장하고 남에게도 수학을 제일 못한다고 말한다(과잉일반화).
- 수학시간에 교사가 묻는 문제에 답이 틀렸을 때 다른 아이들이 "쟤는 그것도 몰라." 하고 수군거리며 내 얘기를 할 것 같다(자기초점화).
- 시험 볼 때 몸이 아프거나 정답을 잘못 옮겨서 시험을 망치게 될 것이다(재앙화, 부정화 과정).
- 이번 수학시험을 잘 보면 행복 시작, 이번 수학시험을 잘 못 보면 죽음이다(이분법적 사고).
- 시험 보는 날 아침에 미역국을 먹으면 시험을 망친다(고정관념).

자기 언어화를 통한 건강한 생각으로 바꾸기

우리가 갖고 있는 건강하지 못한 생각은 스스로 수없이 반복한 자기언어에 의해 형성되므로 건강한 자기언어를 수없이 반복하여 되뇌어 줌으로써 건강한 생각으로 바꿀 수 있다. 자기 언어 카드를 만들어 긍정적인 자기 언어를 적게 한 후 수시로 소리 내어 읽게 한다.

- 아이에게 앞으로 수학 공부를 함에 있어 도움이 될 수 있는 말들을 다음과 같은 양식에 적어 보도록 한다. 아이가 어려워하면 교사가 예를 들면 준다.

자기 언어 카드

• 수학 시간에 계산을 잘못하여 답이 틀릴 수도 있다.	• 모든 일에 자신감을 갖고 적극적으로 부딪혀 보는 것이 좋은 자세다.
• 시험이란 나를 평가하는 것이 아니고, 내가 잘 모르는 것을 찾아내는 과정이다.	
• 모든 아이가 수학을 백점 맞는 것은 아니다.	

- 이것을 수학 공책 맨 앞장에 붙이거나 혹은 코팅하여 수학시간 시작 전이나 혹은 수학 공부하기 전에 읽도록 한다.

자기 관찰하기

자기 관찰하기는 불안을 경험한 상황에서 어떠한 생각과 행동을 하였으며, 그것과 관련되는 과거 경험 및 자기 언어를 떠올려 보고 만약 그 상황을 다시 경험하게 된다면 어떤 건강한 생각과 행동을 할 수 있을지 기록해 보는 활동이다. 주로 시험을 마치고 난 후에 실시하여 시험 중 발생했던 부정적인 경험에 대한 잔상을 지우는 것을 돕도록 한다.

자기 관찰의 예

불안한 생각이 든 날짜, 시간	○○○○년 ○월 ○일 ○○시간
불안한 생각이 일어난 당시의 상황	첫 번째 문제부터 모르는 문제였다.
그 당시 들었던 생각의 내용	'첫 문제부터 모르는 문제다. 빵점 맞을 것 같아.'
앞의 생각과 관련되는 과거 경험	지난 번 수학시험에서도 첫 문제로 시간을 끌다가 시험을 망쳤다.
그 상황에서 자신에게 어떤 말을 했는가? (자기 언어)	'또다시 이런 상황이 반복되는구나. 난 망했다.'
불안했을 때 어떻게 행동했는가?	그 문제를 풀어 보려고 허둥지둥 다시 풀고, 다시 풀고 했다.
어떤 건강한 생각을 할 수 있을까?	첫 문제를 잘 풀면 기분은 좋겠지만 일단 모르는 문제는 넘어가고 아는 문제부터 풀자.
어떻게 건강하게 행동할 수 있을까?	일단 그 문제는 넘어가고 쉬운 문제부터 푼다.

불안 마주하기

이 방법은 아이가 두려워하는 바로 그 상황에 정면으로 맞서게 함으로써 두려움을 극복하도록 돕는 방법이다. 두려움을 갖던 일에 직접 부딪혀 보고, 또 그것을 다루는 법을 배워 가면서 아이는 자신감을 갖게 될 것이다. 그러면서 차츰 두려움과 걱정을 줄여 가게 될 것이다.

- 1단계: '불안 마주하기' 활동에 대해 설명하기 – 명확하고 간단하게 이 연습의 목적을 설명하여 아이로 하여금 자발적이고 적극적인 참여자가 되도록 한다.
- 2단계: 걱정/불안 목록표 만들기 – 아이와 함께 아이가 두려워하는 것들을 가능한 많이 생각해 보고 '걱정/불안 목록표'를 만든다. 목록표를 통하여 불안을 유형별로 분류할 수 있고, 어느 것부터 시작하는 것이 좋을지 알 수 있다.

걱정/불안 목록표

정말 어려운 일	걱정 점수 0 • 10
어려운 일	걱정 점수 0 • 10
조금 어려운 일	걱정 점수 0 • 10

- 3단계: 단계적인 계획 세우기
  - 애매한 항목을 좀 더 세분화한다. 예를 들면, '친구하고 오래 이야기 나누기' 와 같은 내용을 '쉬는 시간에 하루에 세 번 이상 친구랑 이야기 나누기' 등으로 구체적으로 다시 짠다.
  - 여러 항목을 가장 쉬운 것부터 어려운 순서대로 배치한다.
- 4단계: 동기화와 보상
  - 아이가 성공적으로 한 단계를 완수했을 때마다 어떤 보상을 받게 될 건지 아이와 협의하여 정하도록 한다.
  - 보상이 중요하다. 물질적 보상 혹은 사회적 보상을 반드시 하도록 한다.
- 5단계: 실행하기
  - 낮은 단계의 불안 항목부터 시작한다.
  - 불안 과제를 수행할 날짜와 시간을 정해 놓을 수도 있고, 그저 '이번 주 중에' 라는 식으로만 해 둘 수도 있다. 얼마나 구체적으로 정하느냐는 아이의 연령과 단계의 종류, 활동의 진도 정도에 따라 달라진다. 일반적으로 활동 초반일수록, 그리고 나이가 어릴수록 보다 구체적이고 분명하게 정하는 것이 좋다.

좋은 글귀 낭송하기

힘든 상황에 부딪혔을 때 평소에 암송했던 좌우명 같은 좋은 글귀들이 상황을 견뎌내는 큰 힘이 될 수 있다. 불안 상황을 극복하는 데 도움이 되는 글귀들을 찾아 적어 놓고 틈틈이 낭송하는 습관을 갖도록 한다. 이때 아동의 학년, 수준을 고려하여 적절한 문장을 고른다.

- 매일 아침 세수할 때 거울보고 큰 소리로 세 번씩 낭송하기
- 불안하다고 느껴질 때마다 낭송하기
- 주변에 사람이 있을 때는 작은 소리로 암송하기

시험 때마다 아픈 아이

no. 1 시험시간

no. 2 쉬는 시간 보건실

보건선생님,
삼순이 어때요?
처음에는 얼굴도 창백하고, 어지럽고 숨쉬기
힘들다고 했는데 지금은 괜찮아졌어요.
선생님, 저 시험
못 봤는데 어떻게 해요.
괜찮아, 삼순이는 보건실에서
시험 보는 것이 좋겠다.

no. 2 어머니와의 전화 통화

시험시간에 몸이 아픈 아이

시험을 앞두고 불안해하고 시험 당일 날 배가 아프거나 어지럽고, 숨이 막혀 시험을 제대로 보지 못하며, 시험 결과에 대해 상대적으로 크게 상심하여 우울해하는 경우다.

삼순이는 5학년 여자아이이다. 공부는 열심히 해 성적이 좋은 편이나, 시험 때만 되면 불안해하고 몸이 아파 제대로 시험을 보지 못하는 경우가 자주 있다. 시험 결과에 대해서도 민감하게 반응하여 주위 사람을 당혹하게 만들기도 한다.

교사의 대처

기말고사가 끝난 후 담임교사는 삼순이와 상담을 하였다. 삼순이는 '시험을 앞두고 공부는 해야 하는 데 집중도 안 되고, 시험을 못 보면 어떻게 하나?' 하는 생각에 불안하고 초조하였다고 했다. 그리고 시험 보는 날에는 어김없이 몸이 아파 제대로 시험을 볼 수 없었다고 하였다. 담임교사는 삼순이가 너무 예민해서 그런 것이니 평소에 좀 더 열심히 공부하고 시험기간에는 잠을 잘 자서 몸이 피곤하지 않도록 하여 시험 때 아프지 않도록 노력해 보라고 말해 주었다.

그 후 어머니와의 상담에서 삼순이가 시험기간만 되면 우울해하고, 가족에게 사소한 일에도 짜증을 낸다는 이야기를 들을 수 있었다. 담임교사는 어머니에게 시험기간에 가족이 삼순이에게 시험에 대한 부담을 주지 말아 달라고 부탁을 하였다.

시험 결과가 나온 후 담임교사는 몸이 아파서 시험을 못 본 거니 너무 걱정하지 말라며 삼순이를 위로해 주었다.

교사의 대처 방법 분석

잘한 점

- 아이가 시험시간에 불안으로 인한 공황 상황에 처해 있을 때 적절하게 응급조치를 잘하여 위급한 상황을 넘길 수 있게 하였다.
- 시험불안으로 인해 시험을 보지 못한 아이의 심정을 이해하여 보건실에서 시험을 볼 수 있도록 배려하였다.
- 어머니와의 전화통화 및 상담을 통해 가정에서 관찰할 수 있는 아이의 시험에 대한 불안 증세를 자세히 알아보고자 노력하였다.
- 아이와의 상담을 통해 아이가 시험불안으로 인해 나타나는 몸의 이상 증상을 완화할 수 있도록 방법을 안내해 주었다.

개선할 점

- 시험불안의 증세만을 중점적으로 상담한다.
- 시험불안의 원인을 찾아 적절하게 대처할 수 있는 행동을 익힐 수 있도록 지도한다.

상담적 접근

일반적인 전략

- 시험을 앞두고 느끼는 불안은 누구나 자연스러운 일이고, 적당한 불안은 긍정적인 영향을 미친다는 생각을 가지고 지도한다.
- 부모와의 상담, 아동과의 상담을 통해 시험불안으로 나타나는 대표적인 증상을 자세히 살펴본다. 예를 들면, 시험 결과에 대한 걱정, 부정적인 자기 평가, 주의집중의 어려움, 긴장과 불안, 두근거림과 공황상태 등
- 시험불안 증상이 나타나는 시기 및 원인을 분석하여 아이가 이에 대처할 수 있도록 안내해 준다. 예를 들면, 긴장을 완화할 수 있는 근육이완방법 지도하기, 자신에게 맞는 스트레스 해소법 찾기 등.
- 시험불안을 불러일으킬 수 있는 환경적 원인을 통제한다. 예를 들면, 가정에서 나타날 수 있는 환경적 요인, 부모 및 아동의 상담을 통해 부모·자식 간의 대화 및 행동 양식을 살펴 불안을 유도할 수 있는 자식에 대한 과도한 기대 및 아이에 대한 부정적 평가를 표면화하여 아이가 시험불안에서 벗어날 수 있도록 한다.

구체적인 전략

시험불안에는 걱정으로 표현되는 인지요인(걱정요인)과 생리적 반응으로 표현되는 정서요인이 포함된다(박성희, 2006).

[인지요인(걱정요인)]

- 이번 시험을 또 잘못 보면 어떻게 하지?
- 나는 해도 안 되는 사람인가 봐.
- 모르는 것이 나오면 어쩌지?
- 공부한 것이 생각이 나지 않으면 어쩌지?
- 이번 시험을 망치면 모든 게 끝장이야.

[정서요인]

- 두통, 복통, 설사 신체 고통
- 답답하고 호흡이 가빠 숨쉬기 힘듦
- 무서움과 공포
- 온몸에 힘이 빠지고 손에 땀이 남
- 두근거림, 떨림, 안절부절못함

시험불안을 효과적으로 다루기 위한 인지행동요법 및 합리적 정서행동 치료 단계

[생각 · 감정 · 행동(상황) 구분하기]

우리는 행동이나 상황은 분명하게 구분하지만 생각과 감정을 혼돈하는 경우가 많이 있다. 잘못된 인지를 다루기 위해서는 우선 자신의 생각과 감정을 구분할 수 있어야 한다. 예를 들면, 불안하다(감정), 긴장된다(감정), 시험을 망칠 것 같다(생각) 아이들이 나를 무시할 것 같다(생각), 아버지께서 화를 내신다(상황) 등.

[자동적 사고 찾기]

어떤 상황에서 경험을 할 때 반사적으로 나타나는 생각을 '자동적 사고' 라고 하는데 감정과 행동을 변화시키기 위해서는 시험에 대해 자신이 가지고 있는 잘못된 자동적 사고를 살펴보아야 한다. 시험에 관련된 상황을 제시하고 떠오르는 자동적 사고와 기분을 기록하도록 한다.

상 황	자동적 사고	기 분
선생님으로부터 시험 결과 점수를 받았다.	이젠 죽었다. 시험 없는 세상에 살고 싶다.	두렵다 짜증난다

[자동적 사고와 관련있는 자신의 신념 찾기]

엘리스(Ellis)는 자동적 사고가 자신의 특정한 신념에서 기인한다고 보고 여러 가지 신념을 예로 제시하였다. 부정적 신념은 다음의 예와 같다.

- 나는 모든 사람에게 인정받아야 한다.
- 일이 바라는 대로 되지 않으면 끔찍한 일이 벌어진다.
- 불행한 일은 의지와는 상관없이 일어나며, 누구도 그것을 통제할 수 없다.
- 완벽하고 사교적이고 성공을 거두어야만 인간으로서 가치가 있다.

앞에서 찾은 자동적 사고와 관련있는 자신의 비합리적 신념을 찾아볼 수 있게 한다.

상 황	선생님께 인사를 했는데, 인사도 받지 않고 그냥 지나치셨다.
스치는 생각(자동적 사고)	내가 성적이 떨어져서 기분이 나쁘신 것 같다.
감정 · 행동	속상하고 창피하다. 화가 난다.
관련된 비합리적 신념	모든 사람에게 인정을 받아야 한다.

[비합리적인 생각을 합리적 생각으로 바꾸기]

비합리적인 생각을 합리적 생각으로 바꾸기 위해서는 자신에게 다양한 질문을 던지고 답을 찾기 위해 대안적 사고를 탐색하도록 해야 한다.

상 황	이제 3일 후면 시험이다.
자동적 사고/ 비합리적 신념	시험을 못 보면 부모님이 실망하실 텐데. 이번에도 망치면 난 끝장이다.
도전하기 위한 질문	내 생각이 맞다고 어떻게 확신할 수 있지? 내 생각이 맞다고 한다면 이 생각이 나에게 무슨 도움이 되지?
합리적 생각	예전에도 그랬지만 끝장나지는 않았다. 성적이 내 모든 것을 결정하지는 않는다. 부모님이 실망하고, 실패하면 끝장난다고 해도 지금은 내가 시험 준비하는 기간인데 미리 걱정할 필요가 있을까?

그 밖의 전략

[긍정적인 자기 언어 대처진술 활용하기(오혜영, 2004)]

성적에 대한 집착, 실패에 대한 두려움, 부정적인 자기평가, 파국적 인지 등이 상황을 객관적으로 평가하지 못하게 하며 현 상황에서 최선을 다하려는 노력을 방해한다. 따라서 긍정적인 자기 언어의 반복은 합리적이고 객관적인 사고로 대처해 나가도록 돕는다. 예를 들면 다음과 같다.

- 시험은 누구나 불안하고 걱정되는 것이다.
- 시험 성적이 떨어져 기분이 좋지 않지만 이번이 마지막은 아니다.
- 나는 노력하는 사람이기 때문에 앞으로 더 좋아질 것이다.
- 시험에서는 최선을 다하는 것이 중요하다.

[심상훈련]

시험불안을 경험하는 사람들은 대부분 시험과 관련되어 예전에 실수했던 모습, 당황해하는 모습, 시간에 쫓기는 모습, 답을 밀려 쓴 모습 등 부정적인 이미지만을 떠올리는 경우가 많다. 그러므로 시험과 관련된 부정적인 장면을 긍정적인 장면으로 바꾸게 되면 불필요한 걱정과 불안을 감소시킬 수 있다. 예를 들면 다음과 같다.

- 시험지를 받아보니, 대부분 쉽고 아는 문제여서 웃으면서 시험을 치고 있다.
- 시간 배분을 잘해서인지 시간이 15분이나 남았다.
- 시험이 끝나고 친구들과 답을 맞추는데 틀린 문제가 없어 환호성을 지르고 있다.

[긴장이완훈련]

시험불안은 정서적으로 압도당했을 때 더욱 커지게 되므로 정서적 안정반응을 유도하는 것이 중요하다. 깊은 호흡이나 이완훈련, 이완심상으로 신체적 반응을 감소시키고 정서적 안정을 유도할 수 있다.

호흡법(최정원, 이영호, 2006)

[호흡훈련 1단계]

- 몸을 가볍게 풀고 편안한 자세로 앉으세요.

- 눈을 감고 한손은 배꼽 위에, 다른 한 손은 가슴 위에 놓으세요.
- 되도록 가슴 위의 손은 움직이지 않고 배 위의 손이 움직이도록 호흡해 보세요. 각 단계는 1~2분 동안 지속합니다. 수차례 반복하여 자신의 호흡 패턴을 느낄 수 있도록 합니다.
- 가슴 위의 손을 내리고 배 위에만 손을 얹고 호흡해 보세요.
- 배가 어떻게 부풀어 오르고 가라앉는지 느끼면서 호흡해 보세요.

[호흡훈련 2단계]

- 온몸의 긴장을 풀고 호흡하세요.
- 들숨과 날숨을 고르게(시간을 같게) 해 보세요.
- 배를 이용한 호흡이 어느 정도 익숙해지면서 온몸의 근육이 이완되는 느낌을 갖도록 해 보세요.

점진적 근육이완

- 주먹을 쥐고 이두근을 긴장시킨다.
- 이마를 찡그려 이마에 주름살이 생기게 한다.
- 눈을 꼭 감고 얼굴을 호두같이 찡그린다.
- 등을 휘게 하였다가 풀어 주면서 깊게 숨을 쉰다.
- 다리 뒤부분을 쭉 뻗으면서 2, 3초간 긴장을 느낀 후 한꺼번에 힘을 뺀다.

시험 때마다 컴퓨터에 더 매달리는 아이

no.1 시험 결과 발표 날

no. 2 어머니와의 상담

훈이가 이번 시험도 그렇지만 갈수록 학업성적이 떨어지고 있어요.
저도 걱정이에요. 평소에는 학원도 잘 다니고, 열심히 하는 것 같은데 시험 때만 되면, 공부는 안 하고 컴퓨터 게임에 더 빠져 사니…….
어머니께서 시험 때 공부하라고 너무 많이 다그쳐서 그런게 아닐까요?
시험을 잘 봐야 하니까 보통 시험기간에는 다들 다그치지 않나요?
찬우도 잔소리 듣기 싫어서 그런지 시험기간에 보통 때보다 열심히 공부한다고 하던데 우리 애만 왜 그런지 모르겠어요.
공부하라고 해도 엉뚱한 짓 하는데 잘할 수 있을까요?
오히려 부모님 말씀에 어긋나게 하려고 하는 행동일 수 있으니 훈이를 한 번 믿어 보는 게 어떨까요.
훈이가 어떻게 하는지 다음 시험 볼 때는 아무런 말씀을 하지 말아 보세요.

시험 때 딴짓하는 아이

시험을 앞두고 일부러 시험 공부를 안 하거나 컴퓨터 게임에 매달리는 등 시험과 관련 없는 일에 시간을 보내는 일이 많고, 시험 공부를 꾸물거리며 미룰 때까지 미루고 노력을 하지 않는 경우다.

훈이는 6학년 남자아이이다. 학업성적은 중상위권이고, 시험을 잘 보고 싶어 공부를 열심히 하고 싶은 마음은 있지만, 시험기간 때는 컴퓨터 게임을 더 오래 하고, 최대한 시험공부를 미룰 수 있을 때까지 미루었다가 시험 전날 걱정을 가득 안은 채 시험공부를 포기하는 것이 습관이 되었다.

교사의 대처

어머니와의 상담 후 담임교사는 훈이를 불러 공부에 대하여 상담하였다. 훈이는 시험을 잘 보고 싶다는 생각은 많은데 막상 공부를 하려고 하면 무엇부터 해야 할지 걱정만 많아 자꾸 미루게 되고, 불안해서 컴푸터 게임만 하게 된다고 하였다. 훈이가 컴퓨터 게임을 하는 동안에는 아무 생각도 안 해 즐겁지만 게임을 그만두면 더 불안해서 어쩔 수 없이 또 게임에만 몰두할 수밖에 없는 상황이었다.

시험 결과가 나쁘게 나오면 공부를 안 했으니 당연한 결과고 본인도 어쩔 수 없다는 생각에 포기하게 되고, 부모의 기대에 못 미치는 성적 때문에 많이 혼나기도 하지만 한편으로는 자신을 이해해 주지 못하는 부모님 때문에 스트레스를 많이 받는다고 호소하였다.

담임교사는 훈이의 문제행동이 부모의 과도한 기대와 높은 기준에 의해 나타난 것으로 판단하여 부모님께 시험기간 만큼은 공부에 대한 압박을 줄 수 있는 말을 자제해 줄 것을 요청하였다.

교사의 대처 방법 분석

잘한 점

- 아이 어머니와의 상담을 통해 아이가 시험기간에 불안을 느끼고 문제 행동을 한다는 것을 알아내었다.
- 아이와의 상담을 통해 아이가 시험기간에 문제행동을 하는 원인이 어디에 있었는지 알아보고자 노력하였다.

개선할 점

- 아이의 시험 점수 하락에 대한 원인을 친구들의 이야기만 듣고 섣불리 판단하려 했다.
- 시험 점수 하락으로 불안해하는 아이에게 엄마에게 전화를 해야겠다며 위협적인 태도를 취해 더욱 불안한 상황을 가중시켰다.
- 아이의 행동에 대한 해결 방법을 제시함에 있어서 주관적인 판단을 앞세운 경솔함이 있었다.

상담적 접근

일반적인 전략

- 시험 준비 기간에 떠오르는 걱정을 적어 보고 시험불안의 원인을 찾아보도록 한다. 예를 들면, 시험불안의 원인으로는 지나치게 높은 성취 기준, 부모의 과도한 기대, 시험 결과에 대한 불안감, 부정적 자아 효능감 등이 있을 수 있다.
- 아이에게 시험 준비 기간에 나타나는 평소와 다른 문제행동에는 어떤 것들이 있는지 적어 보도록 하여 자기 스스로 어떤 행동이 문제인지 인식하도록 한다.
- 아이에게 문제행동을 하기 전, 하는 중, 하고 난 후 떠오르는 생각이나 감정을 각각 상황에 따라 자세하게 기록해 보도록 한다.
- 아이가 하는 문제행동의 빈도와 함께 불안의 정도를 1~10단계로 나누어 기록해 보도록 하여 문제행동과 불안 정도와의 관계를 알아보도록 한다.
- 부모와 함께 시험기간에 아이에게 하는 말 중에 공부와 관련된 말의 종류와 빈도를 적어 보도록 한 후 그때 아이가 느끼는 감정, 생각, 불안의 정도를 알아보도록 한다.
- 부모는 시험 당일에 가까워질수록 틈틈이 아이와의 대화를 통해 칭찬하고

격려해 주도록 노력한다.

• 아이에게 시험 준비 기간 동안 긍정적인 자기예언을 혼잣말로 해 보도록 한다.

• 시험을 어떻게 준비해야 할지 부모와 함께 시험 대비 일일계획표를 짜 보도록 하여 체계적인 시간 관리를 할 수 있도록 돕는다.

구체적인 전략

효과적으로 걱정하는 시간 줄이기: 걱정하는 시간을 줄이기

• 걱정하는 시간을 시간당 10분으로 제한 → 두 시간당 10분 → 3시간당 10분으로 점차 줄여 나가기

• 하루 중 특정 시간만 정하여 시험에 대한 걱정하기

- 2주 동안 걱정 시간 시간당 10분으로 계획하고 지키기 위한 약속하기
- 실천 정도와 불안 감소 효과를 10~100점까지 점수로 기록하기
- 실천한 후 소감 및 평가하기

[걱정하는 시간 줄이기 기록표]

		월	화	수	목	금	토	일
1주	실천 정도							
	불안 감소 효과							
2주	실천 정도							
	불안 감소 효과							

부정적인 생각 중지법

부정적인 생각이나 장면이 떠오르기 시작할 때 'STOP(그만)'이라고 외치는 방법으로 과도하게 시험불안이 커지는 것을 예방할 수 있다.

- 시험과 관련된 자신의 부정적 사고 내용 적어보기
- 하루 또는 한 시간에 평균 몇 번 부정적인 생각을 하는지 적어보기
- 부정적인 생각을 할 때의 기분과 일상에 미치는 영향 알아보기
- 부정적인 생각이 나에게 주는 이로움 알아보기
- 생각 중지 실천 일지를 적고 평가하기

PMI 분석을 통한 문제행동 해결하기

- PMI(Plus · Minus · Interesting)은 창의력 향상 기법 중 하나로 어떤 문제 상

황의 긍정적인 측면(+)과 부정적인 측면(−)을 모두 고려하여 최적의 아이디어를 개발하거나 선택하는 방법이다. 시험불안과 관련된 부정적인 사고와 행동을 분석하는 데 활용할 수 있다.

- 시험불안과 관련된 문제행동: 지연행동, 변명거리 만들기 행동, 회피행동, 자포자기 행동, 반항적 행동 등

PMI 분석 예

문제행동	시험기간만 되면 오히려 컴퓨터에 더 몰두하게 된다.		
대안 행동에 대한 분석			
컴퓨터를 계속하기		힘들지만 그 시간에 공부하기	
+	−	+	−
걱정을 잊을 수 있다.	뭔가 제대로 한 것 같지 않아 마음이 불편하다.	하나라도 더 공부할 수 있다.	힘들다. 지겹다.
성적이 잘 안 나올 때 핑계를 댈 수 있다.	부모님께 꾸중을 듣는다.	부모님과 사이가 좋아진다.	놀지도 못한다.
새로운 결론과 나의 선택			
시험기간에 컴퓨터 게임에 몰두하는 것은 나에게 손해인 것 같다. 시험기간에는 공부에 필요한 정보를 확인하는 것 외에는 컴퓨터를 하지 않겠다.			

쓰기를 너무 싫어하는 아이

no. 1 왜 아무것도 안 쓴거지

no.2 알림장도 그렇게 오래 쓰니

no.3 쓰기는 너무 어려워요

쓰기장애가 있는 아이

생각을 글로 제대로 표현하지 못하고, 써 놓은 문장의 문법이 맞지 않거나 구두점을 잘못 사용하고, 글씨를 알아보기 힘들게 쓰는 쓰기장애를 가진 경우다.

재구는 4학년 남자아이로 개구쟁이고 다소 산만한 편이다. 수업시간에 아무것도 하지 않고 앉아 있거나 장난을 치다 정해진 시간 내에 학습을 못 마치는 경우가 대부분이다. 담임교사도 처음엔 너무 산만해서 그러려니 했는데 지내다 보니 산만한 것보다는 쓰기 자체를 싫어하고 쓰기를 어려워하는 경우였다.

교사의 대처

재구가 공부시간에 쓰기를 어려워하고 받아쓰기 성적도 안 좋으며, 알림장 쓰기도 너무 어려워하여 재구를 불러 구체적 원인을 알아보려고 대화를 나누었다.

교사의 대처 방법 분석

잘한 점

- 아이를 관찰하여 쓰기를 어려워하는 것을 발견하였다.

• 아이를 방과 후에 남겨서 쓰기를 어려워하는 원인을 알아보려고 하였다.

개선할 점

• 아이가 쓰기를 어려워하는 구체적 원인을 파악한다.
• 구체적 원인을 파악한 후 쓰기를 향상시킬 수 있는 방법을 체계적으로 시도한다.
• 가정에도 구체적인 방법을 제시하여 연계지도를 부탁한다.

상담적 접근

쓰기장애란

쓰기장애를 가진 아이는 생각을 글로 제대로 표현하지 못한다. 이런 아이들의 글을 보면 문장의 문법이 맞지 않거나 구두점을 잘못 사용하고, 글씨를 알아보기 힘들게 쓴다. 그리고 대부분의 쓰기장애아동은 이런 특징을 하나씩만 가진 것이 아니라 여러 가지 특징을 동시에 보인다. 이런 아이들의 특징은 다음과 같다.

• 받아쓰기를 못한다.
• 글씨를 쓸 때 철자법이 많이 틀린다.
• 글을 쓸 때 사용하는 어휘가 제한되어 있다.
• 글을 쓸 때 나이에 비해 단순한 문장만을 사용한다.
• 글을 쓰는 속도가 매우 느리고 글씨를 알아볼 수 없을 정도로 쓴다.

일반적으로 할 수 있는 관심과 배려

학습장애 아이의 학습지도는 직접교육이 효과적이다. 직접교육이란 내용의 면밀한 연속성을 확보하고, 학생들의 높은 참여도를 유도하며, 학생을 주의 깊게 점검하며 구체적인 피드백을 제공하는 즉각적인 교육을 뜻한다. 또한 이런 아이들의 경우 심리적으로 위축된 경우가 많으므로 교사가 지속적인 관심과 사랑을 베풀어 주어야 한다.

- 목적과 목표를 명확하게 정한다. 분명한 학업 목적에 맞게 학습 과제를 구조화시키고, 과제 분석을 통해 큰 목표와 낮은 목표를 나눈다.
- 자료를 순서대로 주의 깊게 제공한다. 이때 한 번에 한 단계씩 습득할 수 있도록 주의 깊게 구조화된 자료를 제공한다.
- 자세한 설명과 많은 예시를 제공한다.
- 질문을 많이 하게 하고 다양한 방법으로 새로운 기술을 연습할 수 있는 적극적인 기회를 제공한다.
- 즉각적이고 교육적인 피드백을 하고 교정해 준다. 즉각적인 피드백은 특히 새로운 자료를 학습할 때 중요하다.
- 아이가 제대로 학습했는지를 평가하기 위해 아이의 진전을 적극적으로 기록한다. 그리고 기록을 토대로 교육과정을 변경한다.
- 가정과 연계하여 지도하도록 한다.

구체적인 전략

일반적 쓰기장애 중 학교에서 가장 많이 보이는 경우는 쓰기 표현력이 부족하여 쓰기 자체를 싫어하는 경우다. 이런 아이들을 위한 쓰기 표현력을 가르치기 위한 전략들을 살펴보면 다음과 같다.

[괄호 넣기를 사용한다]

한 단어만 빠진 문장을 쓰고, 아동에게 가능한 많은 단어를 넣게 한다. 예를 들면, "영수가 공을 __________" 식으로 계속 반복하여 쓰기에 대한 거부감을 차츰 없애 주도록 한다. 처음부터 모든 문장을 쓰기에는 무리지만 이런 식으로 하면 쓰기에 쉽게 접근할 수 있다.

[지속적으로 쓰기에 대한 기회를 제공해 주어야 한다]

짧게 자주 쓸 수 있도록 일주일에 5~15분씩 4회 정도, 간단한 생활문 형태의 일기를 쓰도록 시도하는 것이 쉽다. 있었던 일을 교사가 간단히 질문하고 본인의 느낌도 대답하게 하여 내용을 정리하고 그걸 쓰도록 유도한다. 막연히 쓰려고 하면 어렵지만 교사와의 문답을 통하여 무엇을 쓸지 정하고 나면 아무리 쓰기를 어려워해도 한두 줄 정도는 쓸 말이 정리된다. 특히 과제로 일기를 써 오도록 하는 것보다 교사와 함께 일기를 쓰다가 차츰 쓰는 방법을 습득하면 가정에서 과제를 해결하도록 유도한다.

[직접 주제를 선택할 수 있게 한다]

주제를 선택할 때 읽기 자료를 제시해 주면 더욱 효과적이다.

[인지적 과정 모델을 보여 준다]

예를 들면, 선생님이 스스로 자신의 작문 과정을 큰 소리로 내어 말함으로써 아이들이 힌트를 얻어 그 방식을 따라 하게 하는 것이다. "재미있는 글을 써 볼까? 옛날 이야기에 대해서 쓰면 어떨까? 좋아, 이제는 이 이야기에 나오는 등장인물을 설정해야지."

[처벌적인 등급화는 피해야 한다]

한꺼번에 많은 것을 요구하면 아이로 하여금 의욕을 잃게 한다. 아이가 여러 영역에서 오류를 보인다 해도 한꺼번에 그걸 다 지적하고 고치게 하면 의욕을 상실하게 되므로 하나의 영역에 대해서만 지적하고 수정을 해 준다. 예를 들면, 철자법만 수정하고 문장 구성이나 구조 등은 그냥 두는 식이다.

[쓰기 공동체를 형성해 준다(쓰기반 활동)]

쓰기가 좋아지고 나면 쓰기 공동체를 형성하여 주거나 학급 내에서 지속적인 쓰기활동을 할 수 있도록 지속적인 과제를 주도록 한다. 예를 들면, 독서록 쓰기 과제와 보상 등이 있을 수 있다.

똑똑히 읽지만 뜻은 전혀 모르는 아이

no.1 저도 시험 잘 보고 싶어요

no. 2 무슨 뜻인지 모르겠어요

no.3 영식이에게 문제가 있는 거 같아요

독해장애가 있는 아이

글자는 정확히 읽지만 그 내용을 처리하지 못해 의미를 파악하지 못하는 경우다.

영식이는 4학년 남자아이로 착하고 성실하지만 학교 성적이 안 좋은 편이다. 지능이 중간 이상으로 수학시간에 계산에는 능한 편이나 문장제 수학문제나 다른 과목은 모두 저조하다. 매사에 성실하고 교사의 지도를 잘 따르는 데 비해 시험 성적은 안 좋아 담임교사도 의아해하고 있었다. 한글을 해득하지 못한 것도 아니고 전혀 노력을 하지 않는 것도 아니라서 다른 원인이 있을 거라는 막연한 생각만 하고 있는 상태다.

교사의 대처

영식이가 성적이 너무 저조하자 담임교사는 영식이를 불러 성적이 저조한 이유를 알아보려고 여러 가지 질문을 하였다. 또한 수업시간에도 영식이에게 발표를 시키는 등 수업 과정 중의 문제를 파악하기 위한 시도를 하였으며, 가정에 전화를 걸어 영식이 어머니와 영식이의 성적 저하에 대해 의논하고 대처 방법도 함께 생각해 보았다.

교사의 대처 방법 분석

잘한 점

- 아이와의 상담을 통해 성적 저하의 원인을 찾아보았다.
- 수업 과정 중에 아이를 참여시켜 아이의 학습 과정 중에 문제를 파악하려고 하였다.
- 아이의 어머니와도 상담을 통하여 사실을 알리고 가정에서도 지도하도록 부탁하였다.

개선할 점

- 아이의 성적 저하의 구체적 원인을 파악한다.
- 성적 저하의 원인을 파악한 후 성적을 향상시키기 위한 구체적 방법을 시도한다.
- 가정에도 좀 더 구체적인 방법을 제시하여 연계지도를 부탁한다.

상담적 접근

독해장애

책을 읽는다는 것은 글자를 읽으면서 동시에 그 내용과 의미를 파악하는 두 가지 과제를 수행하는 것이다. 그런데 독해장애가 있는 아이는 글자를 소리로 바꾸는 데 모든 노력을 기울이기 때문에, 글자는 정확히 읽었지만 그 내용을 처리하지 못해 그 의미를 파악하지 못한다. 독해장애의 경우 글자는 읽을 수 있기 때문에 부모나 선생님들은 아이에게 문제가 있다는 것을 알아채지 못하는 경우가 많다. 특히 지능이 높은 아이의 경우 저학년에서는 읽기 수준이 다른 아이와 같거나 비슷하게 나타나므로 교육과정이 어려워지기 시작하는 4학년이나 그 후에서야 독해장애가 드러나게 된다. 따라서 독해장애는 잘 발견되지 않지만 사실은 학습장애 중에서 가장 높은 비율을 차지하는 장애다. 이러한 독해장애는 산수장애와 쓰기장애에 동반하여 나타나는 것이 일반적이다. 이는 문제의 뜻을 이해하지 못하기 때문이다. 일반적인 독해장애의 특징은 다음과 같다.

- 글의 핵심을 잘 파악하지 못한다.
- 때때로 부적절한 어휘를 사용한다.
- 기억력이 부족하여 수학 능력이 떨어진다.
- 국어 과목의 학업 성취도가 현저히 떨어진다.
- 책을 읽고도 무슨 내용을 읽었는지 잘 모른다.
- 대명사가 지시하는 것이 무엇인지 잘 알지 못한다.
- 글을 읽는 속도가 느리고 글씨를 쓸 때 많이 틀린다.
- 학년이 올라가면서 국어나 수학 과목 외에도 다른 과목의 학업 성취도가 점차 떨어진다.

일반적으로 할 수 있는 관심과 배려

- 읽기활동에 적극 참여하게 한다.
- 아이의 능력에 적절하도록 분량을 정하여 과제를 준다. 그렇지 않을 경우 아이의 능력에 맞도록 조정한다. 낮은 수준의 책을 먼저 읽도록 한다.
- 아이가 이해하였는지를 확인하기 위해 다양한 지점에서 멈추어서 질문을 하고 답을 말하게 한다.
- 문장에서 주어와 동사를 찾는 연습을 하도록 한다.
- 아이의 학습 진도에 대해 부모님과 대화를 하여 가정에서도 연계지도가 이루어지도록 한다.

구체적인 전략

어휘 확장하기

어휘에 대한 지식과 단어의 개념을 이해하는 능력과 독해력과는 밀접한 관계가 있다. 어휘가 딸릴 경우에도 독해력에 심한 어려움이 생긴다. 이 경우에는 어휘를 확장하기 위한 다양한 방법을 시도해야 한다. 학급의 일반 아이에게도 함께 사용하면 어휘력 확장을 위해 효과적이다.

• 1단계: 사전놀이, 문장 완성 연습, 토론

• 2단계: 어휘 분류하기, 요약하기, 일반화하기

• 3단계: 어휘 근원 탐색하기

텔레비전, 신문, 광고물 등에 새로운 단어를 찾고 무엇과 관련되는지를 탐색하는 놀이

• 4단계: 알고 있는 단어를 기초로 어휘 확장하기

새로운 단어를 기존에 알고 있던 단어와 연관시켜 배운다.

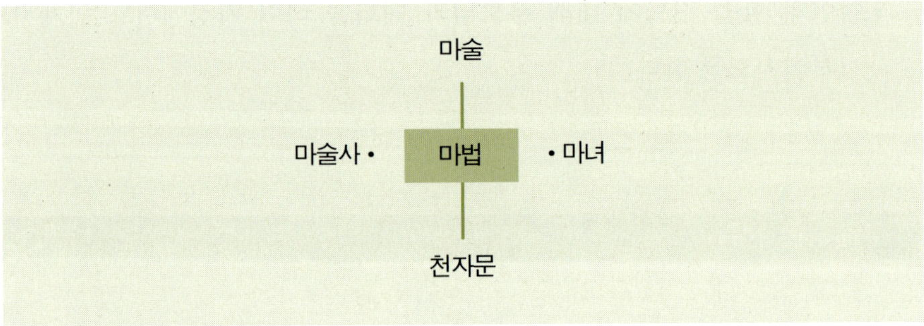

• 5단계: 단어 지도 만들기

4단계의 어휘 확장하기보다 발전된 상태로서, 공간적인 조직도를 이용해서 어휘를 늘리고 정보를 이해하기 쉽게 하는 방법이다. 하나의 단어에 대해 '그것이 무엇이지(무엇에 속하지)?' '어떤 성질을 가지고 있지?' '어떤 예가 있을까?' 에 대해 답하면서 공간적인 조직도를 확장해 간다.

저자의 메시지를 자신의 말로 재구성하기

- 글을 읽는다.
- 주제가 무엇인지를 생각해 본다.
- 자신의 말로 바꾸어 설명한다.

자기질문 학습법의 사용

"왜 내가 이 글을 읽고 있는 거지? 주제가 뭐지? 주제에 대한 좋은 질문은 뭘까?"

관련 지식 자극하기

학생들의 읽기 자료의 주요 내용을 논리적으로 의미 있게 서로 연결, 글의 내용을 중심으로 적절하게 추론할 수 있게 한다.

질문하기

주요 내용에 주의를 기울이도록 유도, 단계적 요약, 학생 자신의 이해를 점검해 보게 한다.

- 왜 글 제목을 이렇게 지었을까?
- 이 글에 이 그림을 그려 넣은 게 가장 잘 어울릴까?

심상 만들기

주요 내용을 효과적으로 연결, 요약한다. 심상 모형에 따르면, 학생들은 글 속에 기술되어 있는 인물, 사건 상황 등을 반영하는 영상을 마음속에 형성하는 동시에, 사실적 내용을 명제로써 부호화한다. 따라서 낙서 형식도 좋고 좀 더 나아가서는 마인드 맵 형식으로 심상모형을 구체화시키도록 지도한다.

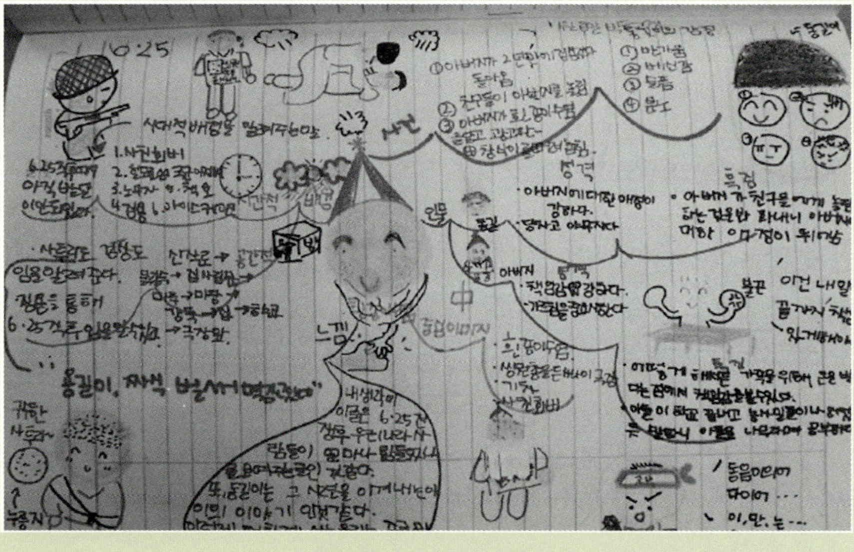

흰 종이 수염 이야기

참고문헌

강진령, 유형근(2004). **학교상담 프로그램.** 서울: 학지사.

김선 외(2001). **학습부진아의 이해와 교육.** 서울: 학지사.

김잔디(2005). 인지행동상담기법을 이용한 수학 불안 처치에 관한 연구. 이화여자대학교 교육대학원 석사학위논문.

박성희(2003). **상담의 새로운 패러다임.** 서울: 학지사.

박성희(2009). **담임이 이끌어 가는 학급상담(2판).** 서울: 학지사.

신민섭 외(2005). **그림을 통한 아동의 진단과 이해.** 서울: 학지사.

오혜영(2004). **효과적인 학습 잠재력 계발을 위한 학습상담.** 서울: 한국가이던스.

응용발달심리연구센터(2002). **사회적 기술향상 프로그램.** 서울: 시그마 프레스.

이성진(2004). **행동수정.** 파주: 교육과학사.

이정윤, 박중규 역(2002). **불안하고 걱정 많은 아이, 어떻게 도와줄까?.** 서울: 시그마프레스.

초등교실상담연구회(2008). **교실 밖의 아이들.** 서울: 즐거운 상상.

최정원, 이영호(2006). **학습치료 프로그램.** 서울: 학지사.

황매향(2008). **학업상담.** 서울: 학지사.

저자 소개

* 오희은

청주교육대학교 졸업

청주교육대학교 대학원 졸업(초등상담교육 전공)

전문상담교사 1급 자격증

현재 청원 갈원초등학교 근무(교육 경력 29년)

* 최선미

청주교육대학교 졸업

청주교육대학교 대학원 졸업(초등상담교육 전공)

전문상담교사 1급 자격증

현재 진천 옥동초등학교 근무(교육 경력 15년)

* 박성희

서울대학교 교육학과 졸업

서울대학교 대학원 졸업(교육상담학 박사)

한국행동과학연구소 책임연구원

미국 위스콘신대학교 상담학과 객원교수

캐나다 브리티시콜롬비아대학교 상담학과 객원교수

한국상담학회 수련감독사

현재 청주교육대학교 초등교육과 교수

* 저서

공감(이너북스, 2009)

담임이 이끌어가는 학급상담(2판)(학지사, 2009)

현명한 아버지가 아이의 미래를 바꾼다(가야북스, 2008)

〈마시멜로 이야기〉에 열광하는 불행한 영혼들을 위하여(이너북스, 2008)

동양상담학시리즈 11권(학지사, 2007)

황희처럼 듣고 서희처럼 말하라(이너북스, 2007)

동화로 열어가는 상담이야기(이너북스, 2007)

상담학 연구방법론(학지사, 2004)

공감학: 어제와 오늘(학지사, 2004)

상담과 상담학 시리즈 3권(학지사, 2002)

Wonderful Teachers! ⑤

선생님은 해결사 _학습 편

2010년 5월 15일 1판 1쇄 발행
2013년 8월 20일 1판 2쇄 발행

지은이 | 오희은 · 최선미 · 박성희

펴낸이 | 김진환

펴낸곳 | (주) 학지사 · INNER BOOKS 이너북스

121-837 서울시 마포구 서교동 352-29 마인드월드빌딩 5층

대표전화_ 02-330-5114 팩스_ 02-324-2345

등 록 | 2006년 11월 13일 제313-2006-000238호

홈페이지 | www.innerbooks.co.kr

ISBN 978-89-92654-28-9 04370
978-89-92654-23-4 (set)

가격 11,000원

※ 이너북스는 학지사의 자매회사입니다.